CB077786

SOMOS TODOS ATEUS,
GRAÇAS A DEUS

Omar Ferri

SOMOS TODOS ATEUS, GRAÇAS A DEUS

Edições BesouroBox

1ª edição / Porto Alegre, RS / 2025

Capa e projeto gráfico: Marco Cena
Revisão: Simone Borges
Produção editorial: Bruna Dali e Maitê Cena
Assessoramento gráfico: André Luis Alt

F388s Ferri, Omar
Somos todos ateus, graças a Deus / Omar Ferri. – Porto Alegre : BesouroBox , 2025.
199 p.

ISBN 978-85-5527-174-8

1. Ateísmo. 2. Deus - Cognoscibilidade. 3. Religião - Filosofia. 4. Religião. I. Título.

CDD 23. ed. 211.8

Cip – Catalogação na Publicação
Tamara da Rosa Silva CRB-10/2812

Direitos de Publicação: © 2025 Edições BesouroBox Ltda.
Copyright © Omar Ferri, 2025.

Todos os direitos desta edição reservados à
Edições BesouroBox Ltda.
Rua Brito Peixoto, 224 - CEP: 91030-400
Passo D'Areia - Porto Alegre - RS
Fone: (51) 3337.5620
www.besourobox.com.br

Impresso no Brasil
Junho de 2025.

Sumário

Prefácio

Marco Túlio de Rose

I. Esclarecimento indispensável

Fuja deste livro, se você for uma pessoa que acha que religião não se discute. **Este livro só faz isso!**

Fuja deste livro, se você tem convicções arraigadas sobre a Divindade e entende desnecessário colocá-las em xeque. **Este livro força que você pense no assunto!**

Se você é daqueles que gosta de refletir sobre assuntos que no dia a dia passam batidos, mas que nos acompanham desde sempre, como é o caso de Deus, sobre o qual nunca teve tempo para pensar mais detidamente, está aí sua chance: **leia este livro!**

Deus é o principal tipo aqui tratado. Não sua figura abstrata e ideal, mas o Deus revelado e tratado pelas religiões. Estas, "suas verdades", que na verdade são seus dogmas, são as personagens principais desta obra, que tem como sujeito oculto **a Humanidade**. Humanidade, que, pelo autor do livro, **lhe faz um convite!**

II. Autor e seu estilo

Não pretendo fornecer dados biográficos sobre o advogado, o deputado, o vereador, o escritor, o ativista de Direitos Humanos que é Omar Ferri, mas, do alto de "meu lugar de fala", vou direto dizer o que penso dele.

Tenho 70 anos e Omar Ferri, 90. Perto dele sou um jovem. Convivi com ele em lutas profissionais, políticas, classistas, como colega de escritório e como amigo, de forma amistosa, ainda que um pouco distanciada. Cultivei, portanto, dele, uma opinião bem segura, que me faz recordar versos de Mário Quintana,"não vos engane o velho que ali vai", pois Ferri é exatamente o contrário do que para muitos aparenta.

Sua oratória e sua escrita são candentes, mas Ferri não é um passional, antes pelo contrário: trata-se de um empedernido adorador da Deusa Razão, o que transparece no seu método de estudo e conclusão, por ele mesmo descrito na obra, quando diz: estamos sempre nos libertando. O ceticismo e as ideias laicas ajudaram a nos libertar das religiões. As ideias humanistas ajudaram a nos libertar dos regimes tirânicos. As posturas de independência e a busca da autoafirmação nos libertaram do jugo familiar. O impulso sexual deu-nos a liberdade corpórea. É assim que caminha a Humanidade. Com o tempo e a evolução da Ciência, o homem vem se libertando dos embaraços obscurantistas.

A grande originalidade de Omar Ferri, o que podemos sem dúvida chamar de "estilo Ferri", é que sua ferrenha racionalidade é sustentada por um discurso em que cada raciocínio substantivo é amparado por uma dezena de adjetivos de candente impacto. Seus conceitos são todos filhos da **Razão**, mas a proteção de suas ideias é guarnecida por uma eloquência cuja paternidade é o mais puro **Sentimento**.

III. A obra e a religião

Ferri entende que as religiões são frutos dos defeitos de compreensão, não do conhecimento. Como consequência, estabelecem, tão logo granjeiam prestígio, um pacto com as classes sociais poderosas e os regimes de ditadura militar. "Em todos os tempos, os exércitos foram os tumores malignos da sociedade, e as religiões, suas metástases", diz ele.

IV. Deus e a fé

Ferri, através de uma concatenada pormenorização de argumentos científicos, não consegue enquadrar Deus nem na origem do Universo, nem no surgimento da Humanidade. As evidências apresentadas nesse assunto espantam pela explicitação minuciosa, quase exaustiva, de quem, sabendo ser leigo nas Ciências, move-se nelas com muito cuidado, mas com grande certeza.

Fica a pergunta: o autor é ateu?

Muito embora em uma ou outra passagem assim se considere, quando, com agudo raciocínio, demonstra que todos os religiosos são ateus em relação à religião... dos outros, penso que melhor seria considerá-lo um agnóstico, dado não encontrar no conhecimento científico um papel em que se enquadre a divindade criadora. O autor, nesse ponto, sabendo que deixa o flanco para os que, como Santo Agostinho (longamente analisado no livro), defendem que Deus é uma questão de fé, não de razão, reserva uma resposta impiedosa, de difícil contrariedade: "Tivéssemos certeza, não precisaríamos de fé!"

Jesus, para ele, com base em vasta prova indiciária, tem existência histórica reconhecida, superou o absurdo do "Deus de um só povo", pregou a doutrina da igualdade entre os homens e a defesa, no sermão das bem-aventuranças, dos pobres e perseguidos. Observa, contudo, o autor, que não há nenhuma evidência de que ele tivesse por objetivo fundar uma religião.

V. Por que ler?

Vistos os tópicos deste impressionante trabalho intelectual, seria de perguntar: **o que se ganha em lê-lo?**

Recomendo, especialmente, aos **religiosos, aos agnósticos e aos humanistas.** Aos **religiosos**, para que submetam sua fé à prova dos argumentos contrários, recompondo-a, ao final, reforçada, diante de argumentos e fatos que duramente testarão sua autenticidade. Aos **agnósticos**, para que aprendam que ateísmo não é outra religião, mas prática racional eternamente renovada e renovável, com os dados que a experiência e o conhecimento científico apresentam. Aos **humanistas**, para que raciocinem no verdadeiro significado de uma obra em que um autor, patrono de tantas lutas por Liberdade e Igualdade, honrando esse título, ao invés de procurar acertar contas com o **Imponderável**, volta-se para a Ciência e para a História, refletindo sobre triunfos e debacles do ser humano em sua trajetória.

Boa leitura!

1. PRIMEIRAS PALAVRAS

Rebusco minhas lembranças. Algumas ainda estão vivas na minha mente. Fui criado dentro dos preceitos do catolicismo, tanto em relação aos virtuosos quanto aos inquestionavelmente falsos. Nós vivíamos num pequeno povoado de 92 casas contadas por mim. Naquela época eu tinha 9 anos. Conheci padres ótimos, bons, ignorantes, maus, autoritários e uma razoável quantidade de perturbados. Porém, não tínhamos ousadia para levantar dúvidas em relação às aulas de catecismo ensinadas nas escolas primárias. A Igreja Católica mantinha sua teocracia rural sob a égide de uma verticalidade hegemônica. Ninguém possuía condições culturais para romper o invólucro pétreo da religião imposta pelo sistema vigente. Na infância, nossas possibilidades de raciocinar estavam sufocadas pela carolice da meninada. O padre exercia um poder absoluto na comunidade. Como divergir de quem representava Deus na Terra? Vivíamos uma situação de total obscurantismo. Os ensinamentos da Igreja eram sagrados, definitivos e indesmentíveis. Era como se tivessem furado nossas cabeças com uma pua para introjetar em nossos cérebros as supostas verdades religiosas.

Submetidos à catequese da igreja, tínhamos uma profunda crença na existência de Deus: que criou o mundo, que criou Adão; que de uma costela de Adão criou Eva; que viviam no paraíso e, porque desobedeceram a Deus, foram expulsos daquele jardim das delícias. O casal transgressor foi severamente castigado. Eva daria à luz com as dores do parto e Adão foi condenado a ganhar o pão com o suor de seu rosto, embora não conhecesse trigo, nunca tinha ouvido falar em pão e sequer havia plantado um pé de couve. E quanto à Eva, ao invés de obedecer a Deus, preferiu ouvir os conselhos de uma serpente, que lhe sugeriu que comesse a fruta da árvore do bem e do mal. Conclusão: já de início, a Bíblia não passava de uma contadora de lorotas. Foi através dela que tomamos conhecimento das lendas referentes ao dilúvio universal[1], das histórias de Abraão, Jacó, Moisés, como também do caminho percorrido pelos hebreus após fugirem da escravidão egípcia até a conquista de Canaã. Estávamos saturados de "ensinamentos", tanto pela história sagrada ministrada nas aulas, como pelas homílias dos padres no púlpito dos templos. Jesus tinha vindo à Terra para livrar nossas "almas" do pecado original. No cumprimento de sua missão, foi traído por Judas, seu discípulo preferido, e pregado numa cruz por ordem dos "execráveis" judeus. Outro personagem importante no seio do proselitismo teológico dos sacerdotes era o Diabo, uma figura infernal. Acima dele, só Deus. Ainda hoje, o Diabo leva a culpa pelos erros e desmandos cometidos por Deus.

Todavia, no curso da história, um grupo de céticos começou a imaginar que tais doutrinações seriam apenas lendas mitológicas inventadas por homens que ainda não possuíam as condições culturais ou científicas para entender a origem do universo, da natureza e da vida.

Os equívocos das ditas histórias sagradas manifestavam-se através do ceticismo, das heresias, das apostasias e demais incertezas, que levantavam hipóteses contrárias às lenga-lengas originadas em todas as épocas da história.

1 O dilúvio universal foi importado de uma lenda mesopotâmica.

Apesar das perseguições religiosas, das torturas medievais e das fogueiras inquisitoriais, o ceticismo sobreviveu na consciência lúcida de grande parte dos descrentes em relação aos mitos bíblicos que, pela conveniência estratégica do Império Romano, se enraizaram em todo o mundo ocidental e, por consequência, cristão. A maioria dos livres-pensadores não acredita em Deus. Por essa razão, são denominados de ateus.

2. OS ATEUS

O ateu sabe de onde viemos. Sabe que somos um primata que teve consciência de si próprio. Ele situa-se nas mais elevadas expressões em relação à capacidade de interpretação do fenômeno humano. O ateu está acima de todas as suas circunstâncias. Ele libertou seu espírito. Ele é, enfim, um ser livre. Não tem religião. Não precisa dela. Por compreender o mundo, suas dúvidas foram eliminadas. Ele tem consciência de que está obrigado a conviver com a natureza, com os animais, nossos parentes, e com tudo que compõe o mundo e a humanidade. Por essa razão, ele nunca inventou religiões, nem guerras, nem ideologias. Ele não participa dessas anomalias que prejudicam a convivência humana, embora, pela aversão de seus semelhantes, ele continue sendo um ser despido de créditos sociais.

Porém, a desconsideração não lhe tira o ânimo. Ele está consciente de que não depende de ninguém para ser o que é. Considera que tem que lutar, trabalhar, velar pela sua família e, finalmente, conviver pacificamente com a comunidade onde reside. Ele sabe que, "criado" o mundo, surgiram mais tarde agrupamentos humanos, em que todos deveriam se unir na busca do bem-estar da comunidade. O ateu tem uma moral natural. Os Deuses foram comandantes de guerra, lembremo-nos de Josué, que sob as ordens de Deus conquistou a terra prometida. Os alucinados guerreiros de Deus compelidos por patologias religiosas faziam guerras, assassinavam, devastavam cidades matando mulheres grávidas, crianças e velhos, e muitas vezes todos os seus habitantes, tudo em nome do Supremo Comandante. O ateu não cria ideologias, mas é vítima delas. O ateu não cria religiões, mas é vítima delas.

No que concerne a essas concepções, peço a atenção do leitor para as palavras do padre Júlio Lancellotti, da paróquia da Sé, em São Paulo:

Tem muito religioso que não é nem um pouco solidário, nem um pouco compassivo, nem um pouco misericordioso. Eu não conheço ateus que sejam tão desumanos quanto são os religiosos. Os ateus, os que se dizem ateus, são muito mais humanizados do que os que se dizem religiosos. Então tem alguma coisa estranha nisso. Por exemplo, o Saramago era ateu do Deus de Salazar, como muitos espanhóis são ateus do Deus do Franco, como muitos chilenos são ateus do Deus do Pinochet, que era muito religioso, e como eu sou ateu do Deus do Bolsonaro. Então quando a gente fala de Deus, tem que saber de que Deus você está falando. Falar do Deus é fácil. Nós temos que falar que somos cristãos do Deus de Jesus de Nazaré.[2]

Todas essas considerações não significam que o ateu seja superior aos outros; não, não é isso que queremos dizer, mas, por outro lado, ressalta a verdade de que ele tem mais aptidão para interpretar as revelações do conhecimento humano do que aqueles que estão subjugados pelos dogmas religiosos. **Ele tem consciência de que a razão do homem é viver.**

2 Colaboração de Luciano Moresco – Encantado - RS.

3. EU TINHA NOVE ANOS

Eu morava em Ilópolis, na época Terceiro Distrito do Município de Encantado. Meu pai era agente do *Correio do Povo*. Embora se tratasse de um jornal conservador, era o mais importante do Rio Grande do Sul.

Depois de impresso em Porto Alegre, os exemplares eram enviados por ônibus até Encantado, aonde chegavam entre meio-dia e meio-dia e meia. De lá, às 15 horas, num ônibus que partia de Encantado para Arvorezinha, eram entregues às 18 horas, em Ilópolis, na casa comercial de Vitório Bertuol. Cabia-me buscá-los para a leitura diária de meu pai. No retorno eu cruzava a praça Itália. No lado contrário, sobre um córrego, havia uma pequena passagem de madeira, sem parapeitos, que permitia a travessia dos pedestres para acessar a Rua Expedicionários, local onde morávamos.

Deus era a parte mais importante de nosso conhecimento. Ele era um puro espírito do qual nos vinha todo o bem, consoante aprendíamos nas aulas semanais de catecismo na escola pública onde estudávamos. Eu considerava estranho que um Deus, que era puro espírito, que passava a vida inteira sentado numa cadeira no céu, pudesse, ou tivesse interesse, em meter o bedelho na vida da gente aqui na terra.

Caminhando em direção à pequena ponte, quando cheguei a uns 10 metros dela, admitindo que Deus pudesse ler nossos pensamentos (como a catequese nos ensinava), desafiei-o a impedir-me de cruzá-la. Atravessei a ponte, e nada aconteceu. Evidentemente, o episódio significou minha primeira afronta aos ensinamentos religiosos. De qualquer maneira, o fato não interferiu em minha crença. Continuei entendendo que a religião e a Igreja Católica eram os únicos caminhos para a salvação. Só assim poderíamos fugir do demônio e das chamas eternas do inferno, tanto que aos 15 anos eu gostaria de ser um homem rico para doar para a igreja todos os meus bens, aliás, procedimento anteriormente adotado pelo irmão de meu avô Giovanni Ferri, que cedeu parte de suas terras onde foi construída a igreja matriz de Encantado, e pela minha avó, Itália Lucca Poletto, que doou parte de uma área de sua propriedade, onde foi construído o Hospital Santa Terezinha, também de Encantado.

4. UM DIÁLOGO IMAGINÁRIO

– Você não disse que queria viajar até o início dos tempos?

– Sim, estou interessado nessa viagem.

– Certo. Então me acompanhe, vamos falar com o Einstein. Ele nos explicará como deveremos fazê-la.

Orientados pelo maior dos cientistas, embarcamos no espaço/tempo e, ajudados por partículas que também se comportavam como radiações, iniciamos a viagem de retorno ao passado, numa velocidade invertida de 300 mil quilômetros por segundo. Depois de mais ou menos 13,7 bilhões de anos, chegamos ao ponto onde tudo começou. Naquele momento não existia nem espaço nem tempo.[3]

Meu amigo, assombrado, olhou na minha direção e disse:

– Explica-me o significado deste fenômeno da não existência.

– Isso é um mistério – respondi-lhe. – Não existe conhecimento humano com capacidade para solucionar o enigma. A única verdade indesmentível relaciona-se com esta bolinha que está na nossa frente, que é menor que uma bola de tênis, e que contém propriedades indefiníveis.

---

3 Atrevo-me a discordar, em parte, do entendimento geral. Claro, não havia tempo. Porém existia um espaço infinito, embora, naquela oportunidade, a do Big Bang, o espaço ainda não tivesse sido conquistado pelo tempo.

Sem resposta para coisas fora do alcance de nosso conhecimento, meu amigo concluiu dizendo:

– Somente os deuses poderão explicar.

– Não, nem eles – esclareci. – Eles ainda não existiam. Por essas razões, concluímos em nossos devaneios que tudo era nada e nada era tudo.

Neste retorno de mais de 13 bilhões de anos, tivemos apenas a certeza de que a bolota, uma esfera parecida com aquelas bolinhas de vidro com as quais brincávamos na nossa infância, com temperatura e densidade infinitas, desintegrou-se causando uma inimaginável explosão denominada pelos cientistas de Big Bang.

– Explica-me que qualidades são essas que expressam infinidades?

– Que explicação poderei dar, se nem os cientistas têm explicação. Simplesmente temperatura e densidades eram infinitas. A astronomia denomina este estado da matéria de singularidade.[4] Pelo sim, pelo não, me atrevo a acrescentar que temperatura e densidades infinitas significam que a singularidade continha as propriedades necessárias para a formação dos sistemas cosmológicos resultantes do Big Bang que continuarão expandindo rumo ao infinito, certamente, sem nunca encontrá-lo. Vamos acompanhar o movimento de expansão na viagem de retorno. Levaremos os mesmos bilhões de anos para chegar até nossos dias, porém com uma grande diferença: a partir de uns 300 mil anos após a desintegração[5], a temperatura da matéria começou a diminuir e o fenômeno começaria a ser entendido. Foi o movimento de expansão da matéria que conquistou o espaço, dando origem ao tempo.

4 A singularidade pode ser também definida como estágio inicial da matéria, ou o primeiro momento.

5 Após o Big Bang.

– Num dado momento – continuei –, a interação forte da natureza[6] juntou prótons e elétrons, numa associação estável, que na sequência consolidou-se em átomos que criaram essências químicas e físicas e todos os demais elementos que compõem a natureza, um número aproximado de 109, dentre eles destacamos os seguintes: Hidrogênio (H), Oxigênio (O), Hélio (He), Carbono (C), Magnésio (Mg), Cálcio (Ca), Rádio (Ra), Cobalto (Co), Níquel (Ni), Zinco (Zn), Cobre (Cu), Ferro (Fe), Nitrogênio (N), Fósforo (P), Silício (Si), Ouro (Au), Enxofre (S), Urânio (U), Tungstênio (W) e Prata (Ag). Em outras palavras, matéria e energia se aglutinaram formando estruturas químicas denominadas de átomos, que se juntaram para formar moléculas.

– Mas que coisa difícil de entender – retrucou meu interlocutor.

Tentei explicar:

– As moléculas foram se juntando e criando tudo o que existe no mundo. Por exemplo, dois átomos de hidrogênio se juntaram a um átomo de oxigênio, resultando da união a criação de uma substância denominada água. Até o final do Sistema Solar, daqui a uns cinco bilhões de anos, nós dependeremos do oxigênio para continuar o ciclo da vida. Após haverá uma explosão solar de tal magnitude que a Terra se transformará em partículas radioativas. O Sistema Solar deixará de existir, mas o Universo continuará sendo Universo. No sentido cosmológico, não haverá final dos tempos. Essas reações químicas, que implicam modificações estruturais dos átomos, criam elementos diferentes. Exemplificando novamente: um átomo de sódio pode ser capturado por um átomo de cloro, que, ligados, dão formação a um conteúdo molecular denominado de cloreto de sódio, ou seja, sal. Como resultantes dessas substâncias, todos os arranjos estruturais da matéria são, na verdade, composições químicas capazes

---

6 As interações fundamentais da natureza são quatro: interação forte do átomo, interação fraca do átomo, gravitação universal e eletromagnetismo. As interações podem ser também denominadas de força forte e força fraca da natureza, expressando-se, ainda, como forças de atração e coesão.

de gerar cópias de si mesmas. Foi desse modo que, com o passar dos milênios, os arranjos químicos se sucederam para gerar as bactérias, a natureza, todos os organismos vivos, inclusive os animais, os primatas e o homem. Cerca de 96% de nosso corpo é constituído de carbono, hidrogênio, oxigênio e nitrogênio. Desta forma, com a sucessão das épocas, a evolução e a multiplicação das espécies foram montando e formatando o edifício da construção humana, partícula de Higgs por partícula de Higgs, quark por quark, átomo por átomo, célula por célula, proteína por proteína, molécula por molécula até o topo da criação. Não somos produtos prontos e acabados, mas resultado de uma lenta evolução. Em qualquer hipótese, somos seu produto mais aperfeiçoado. Nós somos o computador eletrônico da natureza. As plantas, os animais ou uma abóbora obedecem a arranjos feitos por células denominadas eucarióticas (que em grego significa "caroço"), de acordo com especificações existentes nos cromossomos (moléculas) do DNA. Asseguram os biólogos que compartilhamos 99% de nossos genes com os chimpanzés. Em termos de DNA, somos virtualmente idênticos. Como disse Oparin[7]: a vida não é uma manifestação de divindades. É resultante de uma forma particular de organização da matéria. Para uma maior compreensão, necessário que sejam registradas as palavras de um cientista chamado John Gribin, um conceituado astrofísico da Universidade de Cambridge, autor de mais de trinta livros sobre a ciência: *a vida começou quando, em algum lugar e em algum instante do tempo, uma combinação de reações químicas produziu uma dada molécula capaz de gerar cópias de si mesma, desencadeando novas reações químicas. A partir desse momento, a história da vida tem sido a da competição entre diferentes formas de vida em busca de alimento, ou seja, os elementos químicos e compostos necessários para se obter cópias. Em alguns casos, tal como em uma bactéria, as próprias células são os organismos vivos completos; em outros*

7 Oparin é autor da obra *A origem da vida*. Freeman Dayson afirmou que ele foi durante anos a única alternativa para o criacionismo bíblico.

casos, muitos milhões de células se combinam entre si para produzir, digamos, um ser humano ou uma árvore. **Enfim, citando Christian de Duve: "Todos os organismos novos são constituídos conforme uma matriz que é transmitida de uma geração para a outra".**[8]

Porém, quando eu iria complementar os argumentos sobre a criação da matéria e da vida, associando-os com a obra de Charles Darwin para adaptá-la à evolução das espécies, meu amigo manifestou-se contundentemente alegando que não acreditava na minha história, pelo que terminou proclamando insolitamente:

– *Não estou aqui para ouvir bobagens. Sou um homem temente a Deus. Minha religião já esclareceu em caráter definitivo ter sido Ele quem criou o céu, a terra e após Adão e Eva. Não desejo ser condenado aos fogos infernais. Não quero mais ouvir tuas narrativas delirantes. Prefiro o reino dos céus. Como diz minha religião: lá eu serei feliz junto ao Ser Supremo por toda a eternidade.*

Na saída fechou a porta com tamanho impulso, causando um estrondo que até as paredes estremeceram. (Só faltou acusar-me de comunista.)

Embora sua reação não tenha me surpreendido, um sentimento de frustração me contagiou por não ter tido a oportunidade de concluir a explanação **arrematando-a com o sistema da evolução darwiniana, baseada na mutação e seleção das espécies, que é o modus operandi da evolução.**

Darwin explicou, em seu livro *A origem das espécies*, que todos os seres vivos descendem de um ancestral comum. Pela competição e pela seleção natural, sobrevivem os mais fortes ou os mais adaptados.

---

8 Christian de Duve, prêmio Nobel de Biologia, autor da obra *Poeira vital*, que descreve a vida como imperativo cósmico. Professor de universidades europeias e americanas.

5. A EVOLUÇÃO PEDE PASSAGEM

Praticamente, é impossível negar as origens das religiões e dos deuses sem antes tornar compreensível a origem das espécies como decorrência da teoria da evolução formulada, concomitantemente, pelo naturalista do Reino Unido Charles Robert Darwin e seu colega, o antropólogo Alfred Russel Wallace. Ambos demonstraram que todos os seres vivos descendem de um ancestral comum. Afirmação que assombrou a comunidade científica inglesa no século XIX.

Antes do evento vida, a junção da matéria estelar criou bilhões e bilhões de constelações, formadas por bilhões e bilhões de estrelas, circundadas por bilhões e bilhões de planetas. Um deles foi denominado por nós de Terra. É nela que vivemos. Tempos depois do Big Bang, o resfriamento dos corpos celestes agrupou átomos de hidrogênio e oxigênio para criar a água, sem o que as formas de vida não poderiam se reproduzir nem se diversificar. A célula é a unidade básica da vida, assim como o átomo é a unidade básica da matéria. Biólogos e astrofísicos concluíram que primeiramente surgiram as bactérias e outros seres elementares. Eles continham apenas uma célula. Assim mesmo, igual aos micróbios, tratava-se de seres vivos que se reproduziam por divisão.

Quem tiver alguma dúvida sobre a replicação celular seria interessante que examinasse **a teoria do embriologismo, pela qual o espermatozoide penetra no óvulo para formar uma célula, que se duplica aos bilhões para modelar um organismo, que nove meses depois resultará no nascimento de um ser humano.**

O fenômeno da vida ocorreu há mais ou menos 3,5 bilhões de anos. Naquela época surgiram os primeiros organismos unicelulares, que, na sequência, se diversificaram em milhares de outros, terminando por cobrir toda a Terra.

Dessa maneira, *todos os organismos novos são constituídos conforme uma matriz que é transmitida de uma geração para a outra*[9], fato que significa que todas as formas de vida têm origem numa geratriz comum. É ainda Duve quem esclarece que: **"a história da vida não é apenas um crescimento vertical em direção à complexidade, ela é também uma expansão horizontal em direção à diversidade".**

Observemos as seguintes evidências: todas as espécies foram formadas pelos mesmos processos biológicos. Os sistemas reprodutivos também. As funções de alimentação, digestivas e respiratórias são idênticas. Os humanos, os animais, os répteis, as aves, os peixes e todos os demais organismos vivos têm um mesmo sistema de visão (olhos), de movimentação (braços e pernas), os mesmos órgãos (coração, pulmões, fígado), não esquecendo a semelhança dos ímpetos sexuais. Conclusão: os primatas são nossos primos; os animais, nossos parentes; enfim, todas as espécies têm uma geratriz comum, têm a mesma origem.[10]

As semelhanças são indesmentíveis. Os sistemas biológicos são comuns. **Houve um tempo que nós éramos um só.**

---

9 Christian de Duve em seu livro *Poeira vital*.

10 Atualmente a medicina do transplante está usando órgãos de animais, no caso, de suínos, fato que prova a nossa origem comum.

Com base nessas casualidades, podemos afirmar que 98% dos cientistas mantêm a firme convicção de que a reprodução celular foi, e ainda é, o único processo concernente à criação da vida.

Aliás, para quem é católico, é de bom alvitre que se acrescente que há poucos anos o Vaticano admitiu como verdadeira a teoria da evolução.

Porém, a verdade verdadeira é que a aceitação dessa teoria, com uma só cajadada, matou as religiões e concomitantemente os deuses. Esse acontecimento terminou por comprovar a completa desnecessidade de existirem seres celestiais para dar vida à matéria.

Hoje, já não existem contrariedades científicas em relação à teoria de que somos todos filhos de um antepassado comum. Tratava-se de um organismo que surgiu há pouco menos que 4 bilhões de anos. Em período anterior, não existia oxigênio nem atmosfera; logo, não poderia haver vida.

Já afirmei anteriormente, no livro *Razão x Religião*, que uma das espécies se salientou em caráter ímpar: o homem, cuja família propriamente dita tem 7 milhões de anos. Naquela época pré-humanos e primatas compartilhavam um ancestral comum.

A história científica do advento dos humanos afirma que, há milhões de anos, alguns seres das árvores passaram a habitar as savanas. Daí saiu a linhagem evolutiva da qual descende a humanidade e que, segundo Richard Leakey[11], surgiu na África há mais ou menos 100 mil anos. Os humanos de hoje são descendentes daquelas populações. Com base nesses desdobramentos, queiram ou não, **em nossa origem somos todos africanos.**[12]

11 Autor de vários livros. Para responder a pergunta "O que fez dos humanos, humanos?", ele escreveu *A origem da espécie humana*. Pertencia a uma renomada família de paleontólogos. Descobriu na África um esqueleto remanescente do *Homo erectus* que muito contribuiu para a nossa compreensão da evolução humana.

12 "Racista é um cara que nunca mandou examinar sua árvore genealógica" (Millôr Fernandes).

A imprensa publicou em 2021 que foram encontrados fósseis semelhantes em outras partes da África, como, por exemplo, em Marrocos. Por volta de 2 milhões de anos, humanos arcaicos povoaram vastas áreas da África do Norte, Europa e Ásia. É importante relembrar as transmutações ocorridas com a espécie humana a partir da manifestação dos primeiros instintos vitais. À semelhança dos primatas, os primeiros hominídeos guiavam-se pela intuição, depois convergiram para percepções e, enfim, para o raciocínio, que desembocou na era da mente, que significa conhecimento, detalhe que nos põe em posição de destaque em relação à espécie animal. A patologia religiosa apelidou a mente de alma.

Nesse estágio, nossos ancestrais passaram a estimular o cérebro usando sinapses neurônicas, que contribuíram decisivamente para a ampliação de nossa compreensão, até chegarem a um fantástico momento que tiveram consciência de si próprios.

Usei o termo fantástico em razão de o caso ser de tal forma importante que não existem palavras para distinguir o antes, quando o homem não sabia quem era, do depois, ao ter ideia de si próprio.

Considero que os biólogos não encontraram resposta que viesse a explicar aquilo que a precária inteligência humana não tinha condições de entender.

Entretanto, me proponho a dar solução ao enigma. Para isso devo retroceder uns 80 anos, para lembrar que, depois da chuva, saíamos para brincar no barro. Nós chamávamos a brincadeira de *espocheca*[13], um provável termo vêneto que significava brincar amassando o barro nas águas que formavam pequenas poças nas estradas de terra. Quando encontrávamos uma poça, olhávamos para ver nosso reflexo. Sabíamos que ele representava nós mesmos.

13 A pronúncia é “spotcheca”.

Usando essa figura de linguagem, é bem possível que, nas mesmas circunstâncias, o Homo sapiens tenha concluído que a figura refletida era ele mesmo.

Daí para frente, sem esgotar a matéria com suas variadas genealogias humanas, podemos investigar nossa origem a partir dos australopitecos, que viveram há milhares de anos, na seguinte ordem: anamensis, afarensis, africanus, robustus, erectus, habilis[14] etc.

A origem do homem moderno tem aproximadamente 200 mil anos e a transformação de formas arcaicas no Homo sapiens ocorreu na África há cerca de 100 mil anos. Na sequência, surgiu o Homo sapiens sapiens, que há 50 ou 60 mil anos adquiriu as formas atuais.[15] Os humanos de hoje são seus descendentes. Portanto, o homem não passa de um animal que, com o decorrer dos milênios, veio aperfeiçoando seus instintos vitais. Apesar dessa particularidade, é o único ser que, estupidificado pelas religiões, pelo racismo, pela homofobia, pela inveja e pela avareza, tornou-se causador da devastação das florestas, da contaminação das águas, fatalidades que terminarão por destruir a beleza natural do mundo. Se ficarmos aprisionados às maquinarias infernais da ganância destrutiva das nações poderosas e de suas empresas cartelizadas que submetem a sociedade humana aos seus interesses predatórios, o futuro nos punirá com o final dos tempos referido no Armagedom bíblico.

Quanto mais o sórdido apego ao dinheiro enriquece o sistema de dominação, inclusive as igrejas e seus gananciosos pastores, para as classes humildes sobeja apenas uma vida infeliz sufocada pelas penosas condições de existência. Só o animal homem mata por interesse. O resultado são milhões de cadáveres e milhões de injustiçados. É em favor destes que as igrejas dizem que se preocupam. Essa é uma grossa inverdade. Apenas duas religiões são humanas: o budismo e o

---

14 Essas denominações não são completas nem cronológicas, mas servem para compreender a ideia proposta.

15 Sapiens sapiens: o homem que sabe.

jainismo. As outras, por serem "divinas", sujeitaram a humanidade à idolatria do vil metal. Ontem, como hoje, metade da comunidade humana perdeu a capacidade de suportar as dificuldades da vida, só lhe restando apelar aos deuses como recurso extremo para o atendimento de suas súplicas. Com base nesses despropósitos é que as religiões são concebidas e mantidas. Portanto, elas são produto da miséria, da doença, das durezas da vida, da alienação, do atraso cultural, e, por esses motivos, as súplicas de seus problemas às divindades acabam fazendo parte da essencialidade humana.

6. OS DEUSES IMAGINADOS

Os capítulos anteriores não foram escritos em vão. Primeiramente fizemos referência à matéria. Agora se torna necessária uma abordagem sobre o advento do espírito. Já afirmei que a vida inicialmente era uma célula, depois uma proteína, depois um organismo, depois milhões de espécies, todas fecundadas pela lei da evolução.

É incontestável que o animal humano evoluiu a partir de um ancestral primata, passando por sucessivas transformações até chegar ao Homo sapiens sapiens. É assunto pacífico que o sistema nervoso-neuronal evoluiu de forma idêntica aos demais órgãos e, por ser o mais importante, houve um momento em que começou a indagar sobre as realidades da vida, do mundo, quanto às estrelas, ao sol, à lua, ao dia e à noite, à chuva, ao relâmpago, ao trovão, às árvores, aos rios e aos mares e assim por diante. A mente não nasceu perfeita nem foi obra do acaso, muito menos de uma vontade superior. Tendo como causa o incipiente desenvolvimento do cérebro, a espécie humana primitiva não tinha respostas adequadas em relação à vida e à morte. De qualquer forma, o conhecimento teve origem nas manifestações de um feixe de nervos denominado de cérebro.

Quando nossos ancestrais sentiam saudade dos parentes mortos, invocavam os espíritos tanto para honrar a memória em rituais de passagem como também rogando aos deuses o acolhimento de suas súplicas. Naquela época, como agora, prevalecia a ideia de que os seres vivos foram criados e, via de consequência, deveriam existir seres criadores. Todos os clãs e tribos tinham crenças e narrativas, que brotavam da imaginação de suas mentes.

As religiões que ora existem foram concebidas por volta de 20 mil anos. Em suas primeiras manifestações, elas acreditavam na existência de seres de "outro mundo". Outras entendiam que tudo na natureza tinha espírito ou *anima*, que em latim significa "alma". Daí vem a ideia do animismo das religiões primitivas. O animismo foi e ainda é um "sistema de crenças responsável pela criação irracional e prodigiosa de um mundo baseado na sobrenaturalidade dos espíritos".[16] O próprio cristianismo criou espíritos, anjos e demônios como peças essenciais de seu proselitismo religioso. Algumas religiões, após se servirem de lendas e mitos, acreditavam na existência de deuses criadores. Outras afirmavam que o mundo não teve princípio e não terá fim. É o caso do budismo e do jainismo. As três principais religiões monoteístas da atualidade creem num Deus criador do céu, da terra e das criaturas.

Nos primórdios da civilização, a evocação dos espíritos manifestava-se através de rezas e súplicas das mais variadas configurações. Primeiramente, a partir de grutas, megálitos e pirâmides, onde eram realizados cultos para homenagear os antepassados, até chegarem ao estágio das religiões nativas, do totemismo e do xamanismo. A história religiosa da humanidade afiança que através de rituais e rezas foram criados milhões de entidades celestiais e milhões de deuses sobrenaturais.

Se fosse possível estabelecer uma classificação quanto à natureza das religiões, poderíamos afirmar que, inicialmente, elas eram

16 Omar Ferri – *Razão x Religião.*

animistas, totêmicas, xamânicas, politeístas, pagãs, agnósticas, africanas (animistas). Mais tarde surgiu o monoteísmo e religiões nascidas da clonagem de outras, como, por exemplo, o protestantismo, o espiritismo, as religiões pentecostais, e mais uma infinidade de seitas, ensopadas de oráculos, sacerdotisas, pitonisas, oradores sacros e demais invocadores de energias sobrenaturais e espasmos emocionais.

Concomitantemente, o mundo ficou repleto de charlatães que vivem de trapaças. Porém, em vez de as pessoas simplórias lutarem para se libertar das práticas fraudulentas, preferem apelar aos deuses e esperar que milagres resolvam seus problemas mundanos. Nessas condições a religião se transforma numa ilusão que ajuda a viver.

Face aos milhões de deuses e aos milhares de religiões, qual delas é a verdadeira? Qual dos deuses é o verdadeiro? Todas as religiões contêm características teológicas próprias. Todas se proclamam verdadeiras. Particularidade **que permite concluir que todas são ateias em relação aos deuses das outras e, como consequência, é viável que se deduza que todos somos ateus em relação aos deuses das outras religiões.**

Qual a explicação para essa quantidade absurda de deuses, espíritos, anjos, demônios e entidades que habitam os espaços siderais e todos os demais lugares inventados pelos feiticeiros, xamãs, astrólogos, pitonisas, clérigos, exegetas e tantos outros. Onde estavam antes do Big Bang? Por que não se comunicam? Por que tanto mistério? Onde está o céu? Por que razão os deuses se escondem?

Bertrand Russell afirmava que **a religião que um homem aceita é aquela da comunidade em que vive**, tornando-se óbvio que a influência do meio é que leva o vivente a abraçar uma determinada religião. Essa constatação significa que não é possível estudar qualquer religião sem antes verificar sua origem no momento da criação. Não há como fugir de pesquisas em relação às condições culturais de um determinado povo e quais os seus sincretismos configuradores.

Mas, dirá um cético, **a única coisa que existe é aquilo que pode ser percebido, e a única verdade é aquela que pode ser demonstrada.**[17] Aplicado o conceito às religiões, é lógico concluir que **o que não aparece não existe.** O resto é pura imaginação ou fraude.

As religiões matam a razão, que é o principal instrumento da lucidez humana. Racionalidades destruídas promovem a falta de conscientização, condição *sine qua non* para a manutenção dos crentes à submissão alienativa e ao sistema das crenças petrificadas pela fé. A fé é uma crença cega. Ela é contrária à razão._

Se Deus realmente existisse, estaríamos em perfeita comunhão com ele. Haveria um jogo iterativo claro, sem questionamentos quanto ao inferno e quanto ao céu, quanto ao bem e ao mal, quanto ao pecado e à virtude, quanto à vida e à morte e a todos os demais maniqueísmos inventados pelo homem nestes dez mil anos do desenvolvimento do progresso e da cultura. **Deus não tem o direito de ser misterioso, nem mau, nem incompetente, muito menos ambíguo.**

Ou se encontram explicações fáceis e comprovações plausíveis de sua existência, ou então Ele não existe, simplesmente porque argumentos complexos, difíceis, metafísicos e misteriosos nada provam.

Os humanistas do iluminismo lutaram em vão para libertar a religião do fanatismo e dos dogmas. Georges Minois, em sua obra *História do ateísmo*, proclamava que **o que não está em parte alguma não existe.**

Infelizmente, com o correr da história, todas as religiões vincularam-se às classes dominantes e aos regimes autoritários. **Em todos os tempos, os exércitos foram os tumores malignos da sociedade, e as religiões, suas metástases. Ou vice-versa.** No caso de tumores e metástases formarem uma simbiose, a incorporação resultante pode ser denominada de Estado Islâmico.

---

17 Frase surgida espontaneamente durante a elaboração deste livro.

A Igreja Católica sempre foi uma feroz adversária do humanismo, dos avanços civilizatórios e das modernidades. Os exemplos são inúmeros, dentre eles destacam-se as condenações de Giordano Bruno, Galileu Galilei, Robert Darwin e dezenas de milhares de outros. As Igrejas cristãs sempre foram impiedosas e nunca admitiram quaisquer espécies de concepções contrárias aos seus sofismas e seus dogmas.

Não nos esqueçamos das marchas com Deus pela liberdade e pela democracia lideradas pelo padre Peyton, um agente da Agência Central da Inteligência do Pentágono, para planejamento do golpe militar de 1964. Não nos esqueçamos que a Igreja traiu os concílios de Medellín e Puebla, que traiu o movimento católico em favor da Teologia da Libertação e das Comunidades Eclesiais de Base, que tiveram excepcional importância histórica por terem sido inspiradas nos ideais de justiça social, além de preocupadas com a desigualdade causada pela tendência imperialista do sistema capitalista. Esse movimento foi liderado pelos mais importantes prelados católicos do Brasil, destacando-se, dentre outros, o Cardeal Hélder Câmara, Leonardo Boff, Pedro Casaldáliga, Tomás Balduíno, Adriano Hipólito e seu assessor, o padre encantadense[18] Agostinho Pretto, os mais proeminentes.

Essa opção preferencial pelos pobres foi combatida duramente pelo próprio Vaticano. Alguns prelados foram punidos e obrigados a recolherem-se ao silêncio imposto pela estrutura religiosa arcaica, autoritária e comprometida. O teólogo Leonardo Boff foi destituído de suas funções pelo clericalismo alienado e também submisso não só aos erros históricos, mas principalmente por se sujeitar a um rebaixamento servil. **Uma religião que trai os pobres trai a essência de si própria.** Quem quiser investigar as atrocidades da ditadura militar, que leia o livro *Brasil nunca mais*, organizado pelo Cardeal Dom Paulo Evaristo Arns e publicado pela editora católica Vozes, em 1985.

18 O padre Agostinho Pretto nasceu na cidade de Encantado - RS. Foi meu convidado especial para realizar meu casamento com a Maria Helena no ano de 1960.

Como conclusão, podemos afirmar que, quando movimentos religiosos inclinam-se em favor da comunidade, a própria Igreja encontra meios para inviabilizar qualquer tentativa. Foi assim que a Igreja Católica proibiu a luta em favor dos pobres na América Latina.

Escrevi este livro para que ele seja um símbolo da luta contra o atraso humano e contra a pobreza de meio Brasil, contra o misticismo esotérico, contra as mitologias, lendas e religiões, contra os deuses inventados, contra o atraso cultural que cobre de vergonha o gênero humano e a favor dos que realmente pagam impostos e carregam o mundo nas costas como o atribuído a Jesus, que carregava a cruz por ter sido condenado à morte pela hipocrisia do Sinédrio e pelos interesses predatórios das legiões romanas.[19] Minha solidariedade aos silvícolas, ao Barnabé e ao João da Silva.[20] Proclamo a conquista da lucidez dos cidadãos como objetivo final das aspirações do **"Estado de Bem-Estar Social"**. As religiões nasceram da ignorância, não da cultura. **Não trago em minha mente qualquer interesse em conquistar a adesão de quem quer que seja. Se existe alguma aspiração, ela diz respeito ao desempenho da razão. Só a razão constrói para a eternidade.**

19 Sinédrio era o nome dado à estrutura clerical hebreia no tempo de Herodes.

20 E, também, minhas homenagens ao ex-deputado federal Temperani Pereira. O João da Silva, escravo do sistema, foi criação dele.

7. IRREALISMOS MÁGICOS[21]

Proclamavam os entendidos que, pelas suas virtudes, a Bíblia teve o maior número de impressões a partir da descoberta da imprensa[22] e, possivelmente, foi a obra mais lida até os dias de hoje, pelo menos no Ocidente. Sem dúvida, trata-se de uma transcendente e influente obra mitológica. Seu maior mérito é ter resolvido todos os mistérios do universo: a criação do mundo, de todas as espécies, dos mares, das florestas e do sistema astronômico, ao mesmo tempo em que relatou a fantasiosa história do povo hebreu, a partir da convocação da família de Abrahão, das planícies mesopotâmicas até a terra prometida, onde corria leite e mel.

Tudo começou com o primeiro volume denominado de Gênesis. Naquele tempo disse Deus: *Faça-se o firmamento*. Fez-se o firmamento. Nele Deus colocou as estrelas *para luzirem sobre a terra*. Depois acrescentou: *Façamos o homem à nossa imagem e semelhança*. Para isso esculpiu uma imagem de barro e com um sopro criou Adão. Imaginando que ele deveria ter uma companheira, sacou-lhe uma costela para criar Eva. O Deus escultor hospedou o casal num paraíso de

21 Em homenagem a Gabriel García Márquez: *Cem anos de solidão*.

22 Devemos a descoberta da imprensa ao alemão Johannes Gutenberg, no século XV.

delícias. Porém, proibiu-os de comer do fruto da árvore da ciência do bem e do mal. No caso de desobediência, seriam condenados à morte. **Uma conclusão se impõe: se Deus criou o homem à sua imagem e semelhança, essa narrativa comprova que ele era feito de substância material, aliás, como os humanos e os animais.** (Mas esta é uma verdade não verdadeira.)

No jardim do ócio, as serpentes falavam. Uma delas disse à Eva: *Comam o formoso fruto, no dia que comerdes dele, vossos olhos se abrirão, e sereis como deuses.* Eva sucumbiu ao insinuante estímulo da víbora. Face à insólita proibição, preferiu o sensual sabor do prazer. A criatura derrotou o criador.

A desobediência foi considerada por Deus como um insulto. O casal foi expulso do paraíso e, como castigo complementar, condenou Adão a ganhar o pão com o suor de seu rosto e a mulher às dores do parto.

Sabemos quem assoprou maldades na mente de Caim. Levado pelo ciúme, Caim matou seu irmão Abel. Na sequência, seus descendentes não se comportaram conforme o *diktat* celestial. Por essa razão, Deus lançou sobre eles o dilúvio universal, do qual se salvou apenas Noé e sua família. Após, pelos mesmos motivos, fez chover fogo de enxofre em Sodoma e Gomorra, que, nos termos bíblicos, teriam sido duas cidades fornicadoras.

Pelas constantes desobediências e pelos sucessivos casos de prevaricação, Deus, usando métodos dolorosos, ia punindo os transgressores com a morte. De início com afogamento, depois com fogo de enxofre. (Os entreveros sangrentos surgiriam mais tarde.) Deus permitiu que se salvassem Lot, sua mulher e seus filhos, mas proibiu que olhassem para trás. Insubmissa às ordens do Todo-Poderoso, a mulher voltou-se e olhou em direção às cidades que estavam sendo consumidas pelas chamas. A desobediência foi fatal. Ela foi transformada numa estátua de sal.

Os filhos de Noé foram Sem, Cam e Jafet. Deus os abençoou dizendo-lhes: *Crescei e multiplicai-vos e enchei a terra.* Segundo a Bíblia, o gênero humano foi propagado por eles. Alguns foram morar em Ur, na Caldeia, a terra de Abrão. Não se sabe se Deus foi até lá, pois, tendo o dom da ubiquidade, poderia estar em todos os lugares ao mesmo tempo. Qualquer que tivesse sido o meio de transporte, Deus disse a Abrahão: *Sai da tua terra e de tua parentela e vem para a terra que eu te mostrar. Farei de ti um grande povo. Abençoarei aos que te abençoarem, e amaldiçoarei os que te amaldiçoarem e em ti serão benditas todas as nações da terra.*[23] Abraão partiu conforme Deus tinha determinado. Ele foi acompanhado por sua mulher Sara e pelo filho de seu irmão, de nome Lot. Os caminhantes estavam protegidos pela maldição divina (amaldiçoarei os que te amaldiçoarem). Este é um dos fatos mais importantes da Bíblia por provar que Deus moldou um grande povo a partir de Abraão. Consequentemente, conclua-se, em caráter definitivo, que Ele era, exclusivamente, o Deus do povo de Israel.

Abrahão gerou Isaac, que gerou Esaú, que gerou Jacó, que gerou José, que foi nomeado pelo Faraó como superintendente do Egito. Premido pela fome, Jacó, que vivia na terra de Canaã, foi para o Egito, aonde chegou acompanhado de 66 pessoas de seu clã.

Outra conclusão importantíssima: o fato de Jacó ter partido de Canaã se constitui em prova definitiva de que os hebreus eram originários daquela terra e eram cananeus. **Como consequência, a história da conquista da terra prometida não passa de uma das grandes falsidades, melhor dizendo, uma das grandes fraudes de um livro considerado como sagrado.**

O segundo livro bíblico é denominado de Êxodo. O livro conta a história de Moisés, que foi salvo das águas e que foi adotado por uma filha do Faraó. O livro descreve que, após a morte do rei, o Faraó, seu sucessor, estava submetendo os filhos de Israel a dolorosos

23 Gênesis, capítulo 12, versículo 1.

trabalhos forçados. Deus ouviu as lamentações de seu povo, razão pela qual se recordou da aliança que havia feito com Abrahão. Para cumpri-la, convocou Moisés e disse-lhe: *Eu sou o Deus de teu pai, o Deus de Abrahão, de Isaac e o Deus de Jacó, eu vi a aflição do meu povo no Egito e ouvi o clamor das cruezas daqueles que trabalhavam nas obras, te enviarei ao Faraó a fim de que tires do Egito o meu povo, os filhos de Israel.*[24] Moisés, que havia fugido por ter assassinado um homem, retornou ao Egito para cumprir a ordem de Deus, que, paradoxalmente, acrescentou: *Eu endurecerei o coração do Faraó e ele não vos ouvirá.*[25] De fato, o coração do Faraó endureceu, impedindo que os hebreus abandonassem o país. Esse acontecimento motivou Deus a lançar as dez pragas (do Egito), na seguinte ordem: transformou as águas em sangue, cobriu o Egito com praga de rãs, depois encheu o Egito de piolhos, a seguir de moscas, infeccionou os animais com peste, fez nascer úlceras e tumores nos homens e animais (lepra), fez chover granizo, em seguida destruiu as plantações com uma praga de gafanhotos, deixou o Egito em uma completa escuridão e, como último castigo bárbaro, cruel e desumano, pressagiou: *À meia-noite passarei pelo Egito e todo primogênito morrerá, desde o primogênito do Faraó até o primogênito da escrava, e todo primogênito dos animais.*[26] **Inacreditável! A Bíblia transformou Deus numa entidade criminosa?**

Os tempos iam passando. Os confrontos não tinham fim. Depois que o Senhor feriu de morte todos os primogênitos da terra do Egito (transformou-se mesmo naquela entidade antes mencionada: *amaldiçoarei...*), houve um grande clamor do povo egípcio ao Faraó, *porque não havia casa onde não tivesse um morto.*[27] Por esse motivo, o príncipe chamou Moisés e disse: *Levantai-vos e saiam do meu povo.*[28] Os hebreus, depois de se homiziarem no Egito por quatrocentos e

24 Êxodo, capítulo 3, versículos 6, 7 e 10.

25 Êxodo, capítulo 7, versículos 1, 3 e 4.

26 Êxodo, capítulo 11, versículos 4 e 5.

27 Êxodo, capítulo 12, versículo 30.

28 Êxodo, capítulo 12, versículo 31.

trinta anos, todo o exército do Senhor, todos os homens, mulheres, velhos e crianças, partiram em direção à terra prometida. Entretanto, ao chegarem às margens do Mar Vermelho, foram perseguidos pelos batalhões do Faraó, que se aproximavam com intenção de exterminá-los. Mas Deus, para salvá-los, enviou ao mar um vento muito forte que separou as águas, levantando um muro à esquerda e outro à direita e assim, liderados por Moisés, todos puderam atravessá-lo. Aproveitando o leito seco, o exército do Faraó continuou a perseguição. Todavia, por ordem de Deus, as águas se juntaram, inundando os carros e afogando os cavaleiros e todos os guerreiros egípcios.

Salvo do afogamento, o povo de Deus, conduzido por Moisés, iniciou sua marcha através do deserto, onde não havia nem água nem comida. Por ordem do Senhor, Moisés lançou uma vara sobre as águas de Mara, que eram amargas e ficaram doces. Saciada a sede, Deus matou a fome dos israelitas com maná, que foi seu alimento pelo tempo de quarenta anos. Continuando em direção à terra prometida, os hebreus acamparam na planície que contornava o Monte Sinai. Deus, que ocupava a parte de cima da montanha, chamou Moisés para dizer-lhe: *Eu sou o Senhor teu Deus, que tirei meu povo da terra do Egito; não pronunciarás o nome de Deus em vão; não matarás; não furtarás* e assim por diante, num total de dez preceitos morais conhecidos hoje por judeus, cristãos e muçulmanos como os dez mandamentos. **Não há nenhum interesse em enumerá-los, pois tanto os judeus como os cristãos e os muçulmanos não cumprem nenhum deles.**

As leis do Sinai, segundo Challaye, só surgiram na literatura israelita pelo século VII de nossa era, mesmo porque elas refletem ideias e instituições hebraicas, com suporte em princípios universais.[29]

29 Por exemplo: não matar ou honrar pais e mães são princípios universais e também fatos que comprovam a montagem da Bíblia através do tempo e as devidas adaptações, segundo as conveniências de cada época.

Na sequência, os hebreus perambularam pelo deserto por quarenta anos. Tempos depois, Deus ficou aborrecido pelo comportamento pecaminoso dos filhos de Israel, porque não o haviam santificado. Por isso, puniu Moisés com a seguinte sentença: *Tu verás diante de ti a terra que eu darei aos filhos de Israel, mas não entrarás nela*[30], razão pela qual transferiu a chefia de seu exército ao grande guerreiro Josué, o Gengis Khan dos judeus. Ele foi o grande *condottiere* que conquistou para seu povo a terra que Deus lhes destinara. Quanto a Moisés, por determinação divina, morreu pouco tempo antes da conquista da Palestina (Canaã). Seu túmulo nunca foi localizado.

Como se observa, a partir das planícies mesopotâmicas, Deus guiou e protegeu os judeus, levando-os até a terra prometida, tendo sido seu guardião por todo o curso das peripécias relatadas pelo livro sagrado.

Este é um resumo da história bíblica, no que interessa à presente análise e que termina no segundo livro dos Macabeus. Os demais livros não trazem nenhum interesse que possa ser inserido nos objetivos ora propostos.

30 Deuteronômio, capítulo 32, versículo 52.

8. LENDAS, MITOLOGIAS E MITOMANIAS

Partindo da época em que a humanidade teve consciência de si própria, a história das religiões vem registrando a existência de milhões e milhões de deuses. Ainda hoje, somente na Índia, os crentes da religião brâmane podem ter deuses pessoais, milhões deles. Se retornarmos ao período greco-romano, existiam naquele tempo mais de trinta deuses. A versão romana adotou nomes diversos. Enfim, todos os clãs, tribos e povos tinham seus próprios espíritos protetores.

A história religiosa comprova que as religiões de Estado eliminam as religiões periféricas, como também destroem suas crenças para impor teologias (não seria mais adequado dizer patologias?) próprias. Se pudéssemos escolher hoje a melhor religião, tanto para o povo como para as nações, certamente optaríamos pelo paganismo: a menos dogmática e a mais humana de todas. O paganismo foi por excelência uma religião politeísta que alcançou o grau máximo no período clássico da cultura greco-romana. Zeus na Grécia e Júpiter em Roma eram os mais importantes, acompanhados por um cortejo de deuses e deusas que tinham funções específicas, como, por exemplo, Diana (Deusa da caça), Apolo, (Deus do sol e das artes), Afrodite (Deusa do amor), além dos deuses das colheitas, do erotismo, dos mares, da guerra, da sabedoria, da música, entre outros.

No século IV, quando o cristianismo foi elevado à condição de religião oficial do Império Romano e de suas legiões, todas elas, inclusive o mitraísmo, o zoroastrismo e o maniqueísmo, foram destruídas por ele, que, não satisfeito, continuou nos últimos tempos a destroçar as religiões dos povos astecas, maias e incas, inclusive as religiões animistas do Brasil, da África, da Ásia e da Oceania, impondo pelas armas a religião dos conquistadores. Os clérigos que acompanhavam as atrocidades, dissimuladamente, fingiam não tomar conhecimento dos crimes que estavam sendo praticados, mais injurioso ainda: abençoavam e agradeciam, em nome de Deus, aos responsáveis pelas atrocidades.

No mundo asiático, o islamismo aniquilou as religiões autóctones a partir da Síria, do Iraque e da Turquia, para depois desviar o rumo em direção ao Irã, Afeganistão, Bangladesh, Paquistão e Indonésia, prosseguindo, nestas últimas décadas, na África Subsaariana, onde as religiões nativas estão sendo dizimadas tendo como suporte a Guerra Santa, que o Corão denomina de Jihad, e sob o influxo da advertência aterradora "crê ou morre". **Esses acontecimentos comprovam que as religiões de Estado veneram seus deuses matando homens, mulheres e crianças, possivelmente inspiradas pela religião *mater*, a religião do Deus bíblico, que, aliás, é o mesmo.**

Como poderemos encontrar explicações para esse brutal fenômeno de crueldade e intolerância? As religiões hegemônicas de nossos dias proclamam-se como crenças do amor, da misericórdia e da igualdade, propondo como escopo final a salvação do homem dos castigos infernais, mas, inversamente, adotam princípios de depuração religiosa punindo com a morte hereges, infiéis e gentios, sem conceder-lhes direito de defesa, inclusive jogando-os nas fogueiras infernais da inquisição (o inferno está aqui no nosso mundo), além de perfilarem-se ao lado dos conquistadores para impor seus deuses, não pela razão, mas, sim, pela coação.

Novamente, cabe perguntar: qual a explicação para condutas tão perversas? Toda guerra de conquista impõe sua religião porque é através dela que os povos conquistados são submetidos à catequese dos vencedores. O poder da força contra a debilidade da reação.

O Império Romano tinha por princípio cristianizar os povos que conquistava. Os escravos e os pobres, naquela época, constituíam a maioria dos devotos. Eles foram constrangidos pela própria Igreja para serem obedientes e dóceis aos novos senhores, aliás, sob a inspiração de seu Deus, que entendia o escravagismo como fato natural. Não erramos ao afirmar que Ele considerava a escravidão como norma social e até permitia que os hebreus também fossem escravizados: *Se comprares um escravo hebreu, ele te servirá seis anos e, ao sétimo, sairá forro de graça.*[31]

O capítulo 12 do Deuteronômio literalmente diz: *Estes são os preceitos e ordenações, que vós deveis cumprir na terra, que o Senhor Deus de teus pais te há de dar, para a possuíres todos os dias que andares sobre a terra. Destruí todos os lugares em que as nações, que haveis de subjugar, adoraram os seus deuses sobre os altos montes e colinas, e debaixo de qualquer árvore frondosa. Derribai os seus altares e quebrai as suas estátuas, ponde fogo aos seus bosques, e façam em pedaços os ídolos, e extingam os seus nomes daqueles lugares.*

Os muçulmanos impõem sua religião na base do terror. Quem não se submete é transformado em cadáver. Portanto, como conclusão podemos afirmar que as religiões que subsistiram ao longo da história foram as religiões das classes dominantes. No feudalismo a Igreja integrava o Sistema Feudal (Clero, Nobreza e Exército de um lado e servos da gleba do outro). Agora vive amasiada com o capitalismo imperialista. O judaísmo, o cristianismo e o islamismo são religiões classistas. Podemos, igualmente, apontar a falta de racionalidade, isto é, a relutância que o homem tem de não usar a razão, dado que

31 Êxodo, capítulo 21, versículo 1.

somente argumentos lógicos têm condições para proporcionar ideias corretas em relação aos fenômenos vivenciais, mesmo porque nossa mente está mais adaptada para acreditar em almas do outro mundo, na reencarnação, na existência de entidades divinas, e até em feiticeiras, cartomantes e horóscopos, do que acreditar no Big Bang, na teoria darwiniana da evolução das espécies, nos princípios de Galileu Galilei, nas equações de Newton, na física de Einstein, na mecânica quântica de Max Planck ou na partícula de Higgs, sobra residual da decomposição atômica.

As crianças espontaneamente acreditam no Papai Noel, em bruxas voadoras, no Super-Homem e em outros fenômenos que violam as leis da natureza. É a predominância do pensamento mágico que substitui o raciocínio científico. Relativamente a esse assunto, o psicólogo canadense Bruce Hood, da Universidade de Bristol, sugeriu uma explicação esclarecedora: **o pensamento sobrenatural no adulto é o resíduo dos erros conceituais da infância que não foram devidamente eliminados.**

Apresentada essa análise, podemos dizer que a religião nasce dos defeitos da compreensão, não do conhecimento. As Igrejas sempre foram ferozes adversárias do humanismo e das novas ideias. Não nos esqueçamos que o cristianismo negou-se a subscrever a Declaração Universal dos Direitos do Homem de 1791 e, em 1859, condenou a teoria da evolução.

Voltemos, no entanto, à Aurora dos tempos bíblicos. A Bíblia foi escrita exclusivamente para o povo hebreu. Ela é definitiva ao estabelecer que somente os descendentes de Abraão eram considerados como o povo de Deus.

Antes de entrarmos no assunto propriamente dito, torna-se indispensável que tracemos algumas poucas linhas sobre o tema referente às mitologias e mitomanias. É de bom-tom que façamos alguns breves relatos referentes às histórias fantásticas (irrealismos mágicos) de épocas anteriores ao cristianismo.

Na Grécia, no século IX antes de Cristo, Homero descreveu a Guerra de Troia. Tratava-se de um poema épico conhecido em todo o mundo com o nome de Ilíada, que contou a história dos gregos que atacaram a cidade de Troia buscando vingar o rapto de Helena, a mulher mais formosa do mundo antigo, esposa de Menelau, rei de Esparta.

O poema realçava entreveros com guerreiros de ambos os lados, cujos deuses tomavam parte ativa ajudando tanto os gregos quanto os troianos. Foi uma guerra lendária repleta de episódios envolvendo atos de heroísmo, sobressaindo-se como sucesso mais importante a lenda do Cavalo de Troia, ainda hoje lembrada pela filmografia da atualidade.

Como uma espécie de segundo tempo, a guerra prosseguiu, como nos relatou a Odisseia, outro poema épico, também de Homero, que narrou o regresso de Ulisses à Grécia, que enfrentou os perigos do mar e teve que lutar pela sobrevivência sempre envolvido em extraordinários episódios, não apenas amarrando-se no lastro do navio para evitar alucinações com o canto das sereias, mas também pelejando contra ciclopes e outros monstros marinhos. A historiografia lendária grega teve acréscimos de outras fábulas, como, por exemplo, a história dos argonautas na busca do velocino de ouro, os confrontos contra dragões e outros monstros imaginários e, enfim, os doze trabalhos de Hércules.

Para finalizar, não poderíamos deixar de acrescentar que em todas as partes do mundo, na história de todos os clãs, tribos, povos e civilizações, a narração de acontecimentos mitológicos e lendários era comum.

Interessante que se acrescente que o dilúvio universal e a lenda de Moisés salvo das águas tiveram inspiração na mitologia mesopotâmica. Não se tratava de episódios exclusivos da narração bíblica.

Exposto esse preâmbulo, impossível deixar de concluir que a Bíblia, com os mesmos pressupostos das lendas fantásticas e historietas miraculosas, originou-se da arte, do engenho e da maestria dos hagiógrafos hebreus, sempre com o propósito de exaltar o povo de Israel, suas lutas, seus encontros com Deus, a epopeia do Egito e, finalmente, a conquista de Canaã, tudo como resultado da coragem e dos confrontos sacro/heroicos de um povo que antigamente tinha Deus por chefe e que na atualidade continua reproduzindo a saga bíblica para reconquistar a Palestina, propriedade deles por concessão divina. Lá teria nascido Jesus Cristo. Lá nasceram as religiões. Três delas, as mais importantes da Terra, e que por esse motivo tem a denominação de Terra Santa.

Esta é a parte mais sensível da história bíblica. Alguém tem dúvida? Se tiver, obrigamo-nos a retornar ao meio de tais acontecimentos. Acredite quem quiser. A verdade tem várias faces, tanto podemos acreditar nos fatos que ela narra como desmistificá-los.

Em primeiro lugar, não é justo que Deus tenha sido tão excludente com os demais povos. **Se se tratasse de um Deus verdadeiro, seria um Deus de todos, isto é, de toda a humanidade.** Mas o povo de Deus era o povo hebreu. Ele foi o Deus de Adão, de Noé, de Lot, de Abrahão, de Isaac, de Jacó, de Moisés, de José, de Davi, de Salomão, enfim, era e ainda é, o Deus de Israel. Ele nunca obrigou os gentios a fazerem profissão de fé em favor da religião dos hebreus, sua preferência era exterminá-los. Os fatos históricos mencionados no livro sagrado comprovam essa afirmação.

No capítulo 23, versículo 27 da Bíblia está escrito[32]: *Enviarei o meu terror diante de ti* [Ele fala a Moisés] *e exterminarei todo povo em cujas terras entrares [...] mandando diante de ti vespas que porão em fuga o Heveu, o Cananeu e o Heteu antes de tua chegada.*

Esses fatos nos levam a uma indagação interessante. Deus não comunicou a Adão, a Noé ou a Lot que seus herdeiros seriam considerados o povo de Deus; ao contrário, exaltou a descendência de Noé e seus filhos determinando que crescessem e se multiplicassem para

32 Êxodo.

encher toda a terra.[33] Mas que Deus contraditório! Numa ocasião ordena a Noé e sua família encher toda a terra. Depois se esquece dos povos da terra, para afirmar que só os filhos de Abrahão seriam escolhidos como povo de Deus. Será que ele não tinha mais confiança na humanidade, que – segundo a bíblia – foi criada por ele a partir do primeiro casal?

De verdade em verdade, eu vos digo: o Deus dos hebreus não foi apenas contraditório, foi também desumano e incompetente. Deus é a própria incompreensão. Como acreditar que Ele tenha criado a humanidade para depois puni-la? Não nos esqueçamos de que nos tempos do paraíso ele deu preferência à maçã e, a partir dessa opção, puniu Eva.

Se Deus tinha (e continua tendo) a propriedade da Onipresença, da Ubiquidade, da Onipotência, da Onisciência e da Infinidade, não poderia permitir que Caim praticasse o crime de fratricídio contra seu irmão Abel. Eles eram a terceira e quarta criaturas, filhos de progenitores criados por ele, na condição de avô. Deus, que antes já fora incompetente perdendo uma aposta para uma serpente, para depois ser complacente face a um ato criminoso. Como decorrência do assassinato, somos obrigados a concluir que nós todos somos filhos de Caim e de uma união sexualmente ilícita (incestuosa), porque não existiam outras mulheres que não fossem suas irmãs e Ele, o próprio Deus, tinha consciência do absurdo de criar a imperfeição humana e a prova disso é que, concomitantemente, criou o inferno para punir a maioria das criaturas que deveriam povoar a terra. A história de um Deus divino não ultrapassa os limites da tolice humana.

Entretanto, uma circunstância que é incrível em toda a história bíblica é a constatação de que Deus não apenas permitiu o morticínio, mais ainda Ele próprio ordenou dezenas de vezes as matanças relatadas pelo livro sagrado. Na atualidade denominamos essas

33 Gênesis, capítulo 9, versículo 1.

matanças dirigidas contra grupos e povos de Genocídio. Havia necessidade de criar o homem imperfeito. O que Deus ganhou com isso?[34]

O presente capítulo tem o título de mitologias e mitomanias. Por essa razão não poderemos concluí-lo sem antes fazer jus ao seu enunciado. A história da criação já de início contém um erro fantástico. Deus disse: *Faça-se o firmamento*, onde colocou as estrelas *para luzirem sobre a terra*. Ocorre que o termo *firmamento* foi empregado pela primeira vez por Aristóteles. Essa expressão era inexistente nos tempos bíblicos. Aristóteles considerava que as estrelas estavam fixadas na abóbada celeste. Por essa razão usou o termo *firmamento*. De qualquer forma, essa conjectura foi desmentida pela ciência astronômica moderna ao explicar que bilhões de anos antes os corpos celestes já se movimentavam no *firmamento* com velocidades de causar espanto. Tendo como causa esse erro de observação, Aristóteles e Ptolomeu atrasaram o estudo da astronomia por dois mil anos. Coube a Copérnico na Idade Média demonstrar a movimentação dos astros no espaço e comprovar que a Terra girava em torno do Sol.

Sob o ponto de vista da lógica, dá para acreditar que as cobras pudessem falar? Poderia um casal recém-criado comunicar-se oralmente em caráter instantâneo? Ainda permanece outra dúvida: qual a língua falada no paraíso? Depois de Deus, foi a cobra quem primeiramente falou. Como poderia um réptil ter mais importância do que Eva em relação ao Criador? O crime nasce da imperfeição humana. Se Deus era perfeito, não poderia criar a imperfeição.

Na época pré-diluviana, Deus constatou que a humanidade era pecadora. Com exceção de Noé e sua família, todos os demais homens foram mortos por afogamento, inclusive os filhos impúberes e todos os animais da terra. Qual o sentido de punir o êxtase amoroso, que é um sentimento estimulado pela libido irrefreável do desejo natural, e até necessário, tendo em vista a ânsia inata da reprodução das espécies. Sem dúvida, além das qualidades divinas antes enumeradas,

34 A frase é de Minois – *História do ateísmo*.

existia mais uma que foi silenciada pela confecção bíblica: a da contradição.

Oh Deus paradoxal! Num momento manda encher a Terra. Depois despeja uma tormenta celestial que durou quarenta dias e quarenta noites para encher o mundo com um dilúvio mortal. A seguir, tendo constatado a permanência da volúpia erótica, fez chover fogos de enxofre sobre Sodoma e Gomorra. Só se salvou a família de Lot, como referimos anteriormente. Sua mulher, que desobedeceu a ordem de não olhar para trás, foi petrificada como estátua de sal.

Muito tempo depois, os hebreus foram matar a fome no Egito. Lá chegaram em número de sessenta e seis pessoas, entre homens, mulheres e crianças, mais os filhos de José e todas as almas da casa de Jacó, que entraram no Egito em torno de setenta.[35] Na terra, que era presente do Nilo, viveram por quatrocentos e trinta anos. No entanto, já de chegada, para granjear a simpatia do Faraó, Abrahão entregou-lhe sua formosa mulher dizendo que ela era sua irmã. Foi uma maneira astuciosa para enriquecer, pois ganhou do rei ovelhas, jumentos, bois, camelos e escravos. **Que vexame! O mais importante personagem bíblico prostituiu sua mulher para amainar a lascívia do Faraó.**

No Egito, os hebreus se multiplicaram. O Faraó da ocasião aproveitou o expressivo número submetendo-os a trabalhos penosos. Os hebreus gemiam debaixo da situação insuportável. Por esse motivo, consideraram que a libertação somente seria conseguida se abandonassem o Egito. Mas Deus deliberadamente endureceu o coração do Faraó. O coração embrutecido do rei fez Deus, por vingança, lançar sobre o país dez terríveis pragas. A última delas foi a mais pungente; interessante relembrá-la: *À meia-noite passarei pelo Egito e todo primogênito morrerá, desde o primogênito do Faraó até o primogênito da escrava, que está à mó, e até os primogênitos dos animais.*[36]

35 Gênesis, capítulo 46, versículo 26.

36 Êxodo, capítulo 11, versículo 5.

Em homenagem à verdade e no sentido de desmistificar mitomanias, cabe novamente perguntar: qual a culpa dos primogênitos? Qual a culpa dos animais? É preferível admitir essa vontade de matar como falsa a considerar plausível a insolente demonstração de divina barbárie.

Deus tinha uma especial habilidade para espalhar a morte e o terror. Na fuga, quando os hebreus chegaram às margens do Mar Vermelho, Ele abriu as águas para que os hebreus ultrapassassem o mar em leito seco. Quando os egípcios intentaram a travessia, Deus fechou as águas e todo o exército do faraó pereceu.

Os hebreus chegaram ao deserto com uma população de quatrocentas mil pessoas. No capítulo 1, versículo 44 e 46, do livro Números, a Bíblia menciona que a soma dos *que podiam ir à guerra foi de seiscentos e três mil quinhentos e cinquenta homens*. Como poderiam viver quarenta anos em local tão tórrido que nada produzia?[37] Ouvindo as súplicas do contingente, que dizia que no Egito não morreriam de fome, Deus apiedou-se, e a Bíblia diz que Ele fez chover maná, que eram grãos de coentro, da cor do bdélio, que foi o alimento dos hebreus por quarenta anos. Como poderiam resistir por tantos anos comendo farinha? No máximo poucos meses após, todos contrairiam escorbuto e beribéri.[38] Os hebreus só deixaram de comer maná quando chegaram à planície de Jericó: *E o maná cessou, depois que comeram dos frutos da terra, e os filhos de Israel não usaram mais deste alimento, mas comeram dos frutos que a terra de Canaã tinha dado naquele ano.*[39]

Pelo sim pelo não, num belo dia à tarde, acamparam na encosta do Monte Sinai, cujo cume era frequentado por Deus, que ordenou a Moisés que escalasse a montanha para receber as tábuas da lei. Deus falava a Moisés através de uma sarça ardente e a partir dela

37 Até hoje a península do Sinai não produz sequer um pé de couve.

38 Carência das vitaminas B e C.

39 Livro de Josué, capítulo 5, versículo12.

entregou-lhe as regras da conduta moral que deveriam ser seguidas pelos hebreus, conhecidas como os dez mandamentos. A quarta ordenação dizia: não matarás.

Sucede que voltando ao seio do povo, Moisés constatou que os hebreu haviam fundido um bezerro de ouro e passaram a adorá-lo, sob o pretexto de que foi o muar que os tinha salvado das garras do Faraó.

Deus, que sabia de tudo, enraivecido disse a Moisés: *Eis o que diz o Senhor Deus de Israel: cada um cinja a sua espada ao seu lado; passai e tornai a passar de porta em porta através dos acampamentos, e cada qual mate o seu irmão e o seu amigo e o seu vizinho. E os filhos de Levi fizeram o que Moisés tinha ordenado, e cerca de vinte e três mil homens caíram [mortos] naquele dia. E Moisés disse-lhes: Consagrastes hoje as vossas mãos ao Senhor, cada um em seu filho e em seus irmãos, para vos ser dada a bênção.*[40]

Até hoje não se sabe bem qual era a maneira mais eficaz para matar apóstatas do Velho Testamento ou céticos do Novo. O escritor Josué Guimarães esclareceu a dúvida: *A Ferro e Fogo*.

40 Êxodo, capítulo 32, versículos 27, 28 e 29.

9. RIOS DE SANGUE

Os poderes de Deus não tinham limites. De início, criador; logo em seguida, punidor. Mais tarde, manipulador de um povo criado por ele, do qual foi seu protetor, legislador, condutor e chefe guerreiro.

Face às violações de seu código de conduta, as regras punitivas eram implacáveis: *olho por olho, dente por dente, queimadura por queimadura, ferimento por ferimento* e, como apoteose justiceira final, *vida por vida.*

Na caminhada à terra prometida, ele havia dito: *Meu anjo te introduzirá na terra dos heteus, dos amorreus, dos cananeus, dos heveus e dos jebuseus, os quais exterminarei.*[41] No mesmo sentido determinou que a terra seria dividida entre os filhos de Israel: segundo as famílias e de acordo com o recenseamento efetuado.

Quando ultrapassaram o Jordão e entraram na terra de Canaã, Deus ordenou que fossem exterminados todos os habitantes daqueles países: *Reduzi a pó as estátuas, fazei em pedaços seus ídolos. O Deus de Israel não permitirá a existência de outros deuses.*

41 Êxodo, capítulo 23, versículo 23.

Naqueles dias Moisés havia falecido. Por essa razão Deus assumiu a estratégia das operações. Designou Josué como comandante da tropa, dando-lhe ordens para tomar a cidade de Jericó.[42] A cidade era especialmente fortificada. Josué orientou o povo para fazer algazarra, tocar trombetas e darem sete voltas ao redor das muralhas, que desmoronariam. Assim aconteceu. As muralhas tombaram, propiciando aos hebreus a conquista da cidade e, na sequência, matar tudo o que havia nela, desde os homens até as mulheres, as crianças e os velhos. Passaram também ao fio da espada os bois, as ovelhas, os jumentos[43], claro, com exceção do ouro, da prata e dos utensílios de cobre e ferro, que consagraram ao tesouro do Senhor.[44] Consagrar ao tesouro do Senhor é apenas eufemismo. Mais apropriado seria dizer que assaltantes, saqueadores e criminosos, mas essencialmente guerreiros de Deus, estavam abarrotando suas próprias arcas com os sanguinolentos tesouros rapinados.

Alguns séculos após, o mesmo feito "glorioso" ocorreu com a tomada de Jerusalém pelas hordas da primeira cruzada. A matança foi infernal, mas o ouro, a prata e os demais objetos valiosos foram arrebatados pelos alucinados invasores.

Para derrotar os amorreus e para que a guerra continuasse sob a claridade do dia, Josué pediu a Deus que imobilizasse o sol, ensejando aos hebreus o extermínio de seus "inimigos". Os reis derrotados foram mortos, e seus corpos, pendurados em cinco forcas até a chegada da noite. **Nova falsidade: era o giro da Terra que deveria ficar imóvel, não o sol.**

Prosseguindo suas investidas tempestuosas, Josué conquistou Azor e *passou à espada toda gente que ali morava, não deixou pessoa viva, devastou tudo até o extermínio e destruiu com um incêndio a própria cidade. E tomou e feriu as cidades circunvizinhas, e os filhos de*

42 Jericó, Tebas e Hebrom disputam a primazia de serem as primeiras cidades do planeta.

43 Livro de Josué, capítulo 6, versículo 20.

44 Livro de Josué, capítulo 6, versículo 20.

Israel, depois de matarem todos os habitantes, repartiram entre si os despojos.[45]

Josué (que atualmente é conhecido pelos nomes de Ariel Sharon ou Netanyahu) continuou com inabalável disposição de matar populações e saquear cidades. Depois de sua morte, a chefia das operações passou para as mãos de Judá, ao qual *O Senhor entregou nas suas mãos o cananeu e o feseu e mataram em Besec dez mil homens. O chefe seguinte, Abimelec, tomou a cidade de Siquém e matou seus habitantes e destruiu-a de tal sorte que semeou sal.*[46]

O Quarto Livro dos Reis, ao referir-se sobre a derrota e morte de Senaquerib, rei dos assírios, sublinhou que: *Naquela noite veio anjo do Senhor e matou no campo dos assírios cento e oitenta e cinco mil homens.* **Nos tempos bíblicos até anjos praticavam genocídio... v i r t u o s a m e n t e.**

Impossível relatar todo o morticínio e as tragédias sofridas pelos povos que viviam pacificamente na Palestina, mas, resumindo, podemos acrescentar que o lendário Sansão matou mil filisteus com a queixada de um jumento.[47] Fora os que morreram na destruição do templo. Sansão repetiu na Bíblia as histórias fantasiosas de Hércules. Ao tomarem Laís, país de um povo tranquilo, passaram os habitantes ao fio da espada e puseram fogo à cidade.[48] Na guerra contra os amalecitas, Saul, ungido rei por Deus, destruiu Amalec e, continuando a carnificina, *matou homens, mulheres e crianças e meninas de leite, bois e ovelhas, camelos e jumentos.* Seu sucessor, o rei Davi, não deu trégua ao povo filisteu. Marchou com os homens que estavam sob seu comando, matou o gigante Golias com uma pedrada na testa lançada por uma atiradeira e, em continuação, assassinou duzentos filisteus, removendo seus prepúcios. Antes Deus havia dito a Davi *que*

45 Livro de Josué, capítulo 11.

46 Livro dos Juízes, capítulo 9.

47 Juízes, capítulo 15.

48 Idem, capítulo 18.

habitaria no meio dos filhos de Israel e não desampararia meu povo.[49] Tudo dentro do contexto.

Mais tarde subiu ao trono o ostentoso rei Salomão, que tinha quarenta mil manjedouras para cavalos (de guerra) e doze mil cavalos para montar.[50] Deus deu a Salomão uma sabedoria e uma prudência inigualáveis e uma magnanimidade incomparável: *como a areia que há na praia do mar.*[51] Quando Salomão concluiu o templo, imolou ao Senhor vinte e dois mil bois e cento e vinte mil ovelhas.[52] Foi uma prodigiosa festa dedicada ao templo de Deus. Impossível deixar de concluir que esse número estratosférico de imolações não tinha grande importância para um rei que amou apaixonadamente muitas mulheres estrangeiras, especialmente moabitas, amonitas, idumeias, sidônias e heteias[53], muito embora o Senhor dissera aos filhos de Israel para *não tomar as mulheres de outros povos, nem eles as vossas.* Durante toda a história da humanidade, Deus nunca conseguiu impedir que algum homem tivesse desistido de amar mulheres. Compelido por uma libido irrefreável, Salomão teve um harém de setecentas mulheres – dentre elas, uma filha do Faraó – que eram como rainhas, e trezentas amantes, que perverteram seu coração. Violando a lei que exigia fidelidade e obediência ao Deus único, Salomão prestava culto a Astarte, deusa dos sidônios, e a Moloc, ídolo dos amonitas, embora fosse inadmissível e impensável aos olhos de Deus coabitar com mulheres estrangeiras, pior ainda venerar outros deuses.

Todavia, tanto a opulência como a glória não durariam para sempre. No ano de 586 ou 587 – existem discrepâncias quanto às datas – Nabucodonosor, rei da Babilônia, destruiu Jerusalém, levando para seu reino grande número de hebreus como escravos, além dos tesouros surripiados.

---

49 Terceiro Livro dos Reis, capítulo 6.

50 Terceiro Livro dos Reis, capítulo 4, versículo 26.

51 Idem, capítulo 2, versículo 29.

52 Idem, capítulo 8, versículo 62.

53 Idem, capítulo 11.

Flávio Josefo informou em seu livro *A História dos Hebreus* que antes desses acontecimentos Antíoco destruiu completamente Jerusalém e saqueou o templo. No ano 70 de nossa era, os romanos não deixaram pedra sobre pedra.

Depois de tantos acontecimentos surrealistas, sem paralelo na história dos povos da Terra, é de todo interessante fazer uma apreciação através da razoabilidade, evitando aplausos decorrentes do deslumbramento dos que acreditam em histórias inverossímeis. Em outras palavras, é necessário que a verdade paire acima de tudo, impedindo que êxtases mitológicos gerem o irrealismo das grandezas fabricadas pela alucinação dogmática dos crentes ou não, que tem como resultante final a **adulteração de acontecimentos que impedem a sanidade da interpretação correta dos elementos constitutivos de uma história inventada, que teve como objetivo a divinização de uma raça e o endeusamento de um povo.**

Inacreditável que um Deus tenha criado uma humanidade sensível ao erro e à perversidade. A teoria de uma justiça de olho por olho e dente por dente, se realmente fosse posta em prática, a grande maioria de sua gente teria ficado cega e desdentada.

Não é acreditável que Deus, para apossar-se da terra prometida, ordenasse que fossem exterminados todos os seus habitantes e destruídas todas as nações circunvizinhas. Inacreditável que Deus tenha dado a Moisés os mandamentos, cujo artigo 4º dizia "não matarás", e que em espaço de poucos dias ordenasse a matança de 23 mil hebreus, inclusive mulheres e crianças. O mesmo comportamento já havia ocorrido com as dez pragas do Egito e com a morte de todos os primogênitos egípcios, inclusive os primogênitos dos animais.

Isso é maldade pura. Face a esses acontecimentos tão pungentes e tão dramáticos, as criaturas é que deveriam julgar o Todo-Poderoso, não o contrário. Acredite quem quiser: Josué conseguiu de Deus a imobilização do sol, necessária para vencer a guerra de conquista, e em seguimento, ao som das trombetas e das algazarras do povo, as muralhas de Jericó desmoronaram, nada sobrando, nem as mulheres, nem os filhos menores, nem a cobertura vegetal, pois esparramaram sal por toda a cidade e suas plantações.

Oh! Dúvida cruel: se a Bíblia foi confeccionada exclusivamente para narrar a criação do mundo e de sua humanidade, como acreditar nas fantásticas matanças generalizadas e, em contrapartida, relatar o esplendor da saga do povo escolhido? Como poderia um rei ter quarenta mil manjedouras ou imolar dois mil bois e cento e quarenta mil ovelhas? São relatos que deliberadamente só servem para exaltar a linhagem de um tropel em direção a um país onde corria leite e mel, mas que não conseguem ultrapassar as mirabolantes mitomanias dos hagiógrafos dos livros bíblicos.

Todas essas histórias nascidas da fantasia ou da imaginação não se mantêm, como provam os acontecimentos posteriores, que descrevem a destruição de Jerusalém por Antíoco, por Nabucodonosor e pelas legiões romanas.

Onde estava Deus durante esses acontecimentos? Por acaso ele se afastou de um povo que não havia se submetido a seus mandamentos? Por que matar criaturas com água e fogo? É difícil saber se foi Deus quem traiu o povo ou o povo que o desacreditava adorando bezerros de ouro e deuses de outros povos. A história bíblica é toda recheada de contradições. Será que estamos errados em nossas críticas e divergências? Vejamos então o que a história verdadeira nos conta no capítulo seguinte.

10. O QUE DIZEM OS DESCENDENTES DO POVO HEBREU

Sob múltiplos aspectos surgem em nossa mente dúvidas em relação aos relatos bíblicos. Basta ter um nível de conhecimento médio para avaliar com ceticismo as bravuras conflituosas contra povos que habitavam a terra prometida. Fora de dúvida que os acontecimentos não ocorreram conforme a descrição do oficialismo bíblico.

Embora a grande maioria das pessoas da civilização judaico/cristã não levantem questionamentos, ninguém está obrigado a acreditar nas façanhas imaginárias nascidas da engenhosidade e da criação fantasiosa dos escrevinhadores dos sucessos da história hebraica. Por essa razão existem exceções. Não é pequeno o número de professores, arqueólogos, filósofos, cientistas, livres-pensadores e historiadores que consideram que as narrativas das Escrituras Sagradas carecem de credibilidade, de modo especial no que diz respeito aos prodígios criados pela imaginação dos hagiógrafos responsáveis pela montagem da suposta grandeza do irrealismo mágico das histórias mencionadas. Na verdade, a história da antiguidade hebreia foi sendo desmontada, episódio por episódio, loquacidade por loquacidade e exibicionismo por exibicionismo.

Em primeiro lugar, como já salientamos, a lenda do criacionismo foi gradualmente arrasada, tanto pela verdade cosmológica como pelas redefinições estabelecidas pela ciência biológica, complementada pela astronomia moderna.

Israel Finkelstein e Neil Asher Silberman, no livro *A Bíblia não tinha razão*, com base nos estudos das escrituras ditas sagradas e em investigações arqueológicas realizadas nos últimos anos, "colocaram o debate na perspectiva correta".

A libertação do povo de Israel da escravidão egípcia e a jornada para a conquista da terra prometida foram um *inteligente produto da imaginação humana*.

Na atualidade tornou-se evidente que os acontecimentos não ocorreram "da maneira como foram descritos". Muitos não aconteceram. Outros possivelmente tenham acontecido, mas não da forma relatada.

A Bíblia é composta por 73 livros. Quarenta e três do Antigo Testamento e 27 do Novo. Os livros do Velho Testamento foram escritos, a maior parte, nos séculos VII antes de Cristo e os demais nos séculos V ao II. A história hebreia antiga trata da aliança contraída por Deus com Abraão e seus descendentes. O Novo Testamento, conhecido como Evangelhos, conta a história de Jesus Cristo, enviado por Deus para redimir a humanidade do pecado original e, como consequência, sepultou a velha religião cansada de guerra, dando-lhe configuração universal.

No que diz respeito à autenticidade da história bíblica, é necessária uma investigação com a maior profundidade e amplitude possível. Entre os fatos narrados no primeiro livro – Gênesis – e o nascimento de Jesus Cristo, decorreram, aproximadamente, mil e trezentos anos. Salvo melhor juízo, a história da antiguidade anterior à época cristã não foi mencionada pela escrita cuneiforme (Mesopotâmia) ou pelos hieróglifos (Egito). O importante para esta apreciação é que ambas não relataram sequer um episódio referente à epopeia do povo hebreu, mesmo estando recheada de acontecimentos prodigiosos com relevância extraordinária. Quais as razões para essa lacuna histórica? **Onde os escritores bíblicos foram buscar a memória dos acontecimentos descritos?**

O Quarto Livro dos Reis relata a conquista e a destruição de Jerusalém por Nabucodonosor, que levou para a Babilônia todos os tesouros, tanto os da Casa do Senhor como os tesouros da Casa Real. O imperador conduziu para o cativeiro babilônico dez mil guerreiros, sete mil homens robustos, todos os príncipes, as mulheres do rei e todos os juízes, artistas e ferreiros, estes em número de mil. Esses sucessos ocorreram no século IV a.C. Mais tarde, tendo Ciro, imperador da Pérsia, conquistado a Babilônia, permitiu o retorno à Palestina de parte dos escravos judeus.

Mesmo assim, salvo algum equívoco, tanto a história da Pérsia como a da Babilônia nada mencionam sobre esses acontecimentos.[54]

Porém, em sentido contrário, percebe-se uma completa inversão no que envolve tais fatos. Não existem dúvidas, a Bíblia é que foi buscar nas fontes mesopotâmicas os registros referentes ao dilúvio universal, o episódio de Moisés salvo das águas e a variedade de deusas e deuses concebidos pelos povos daquela região.

Antes de Abrahão, os hebreus eram politeístas. No período pré-bíblico não existia linguagem escrita. Pelo que a história relata, as bibliotecas foram criadas nos tempos em que Alexandria era uma das mais importantes cidades do mundo. Novas ordens de dúvidas exigem renovação de indagações. Quais foram os redatores e quais as fontes que abasteceram os hagiógrafos bíblicos mil e trezentos anos após a lenda do paraíso terrestre?

A Bíblia é espantosamente detalhista quanto aos fatos descritos. Os evangelhos registraram relatos fantásticos como, por exemplo, a

54 Persas e babilônicos eram reinos e povos mesopotâmicos, assim como os sumérios, assírios, caldeus e os habitantes da terra de Acádia.

genealogia de Jesus a partir de José até Adão. Face a essas narrações minuciosas e inconsistentes, mais aumentam nossas dúvidas. Poderão os doutores da Igreja esclarecê-las?

Quem sabe o papa, cuja palavra tem fé apostólica, ou os carismáticos cristãos, contagiados por fervorosos êxtases, tão próximos de Deus, ou os pentecostalistas, que invocam a presença do Altíssimo para, em seu nome, fazerem milhares de milagres todos os dias, pudessem suplicar ao Ser Supremo o esclarecimento das perplexidades que abatem a fé dos viventes? Caso contrário os dilemas e as incertezas serão mantidos e os crentes continuarão sendo ludibriados.

Os ateus têm convicção de que nem Deus teria condições de provar que Noé, Moisés, Josué, Abrão, Isaac, Jacó, Salomão, Davi e Saul tenham realmente vivido. Trata-se apenas de suposições forjadas como produtos das exaltações históricas de uma casta "divinizada" por Deus.

No período em que os fatos ocorreram, escavações arqueológicas desmentem a ideia de grandes cidades fortificadas. Na verdade, a região de Canaã tinha pouca importância e Jerusalém não passava de uma povoação inexpressiva.

A arqueologia desmistificou aspectos importantes relatados pelo livro sagrado em matéria de muralhas, exércitos poderosos, reinos ricos e assim por diante, episódios que tornaram inconfiáveis os acontecimentos mencionados nas escrituras. Dúvidas foram levantadas em relação à história dos patriarcas, não apenas em referência ao reino unificado de Davi e Salomão, mas também quanto à saga da conquista de Canaã. Poderia a mulher de Abrahão engravidar quando o marido tinha 100 anos? Seria um absurdo, depois de três mil anos, que viéssemos interpretar a Bíblia literalmente.[55] Se naquele tempo as escrituras afirmassem, na conformidade do Gênesis, que Deus havia criado o mundo, não encontraríamos fundamentos para avaliar,

55 As datas são aproximadas.

interpretar ou julgar as verdades proclamadas por seus relatos, cujo desmonte, lembremos, somente ocorreria a partir de Copérnico, Galileu Galilei, Charles Darwin e Albert Einstein.

Finkelstein e Silberman levantam dúvidas incontornáveis. Por exemplo, ambos atestaram que não existiam pistas nem escritos sobre antigos israelitas no Egito. Da mesma forma, o Êxodo não poderia ter acontecido conforme a narração da história cognominada de sagrada. Finkelstein e Silberman referem que eruditos alemães sempre consideraram que o livro de Josué tinha origem em lendas, mitos e histórias de heróis de várias partes da Palestina escritas ao longo dos séculos e ao sabor dos interesses megalomaníacos dos narradores. Os primeiros hebreus eram pastores e agricultores de subsistência, com cultura simples e que viviam no interior da própria região. Não houve guerra de conquista. A maioria das pessoas que viviam em Canaã formaram o Estado de Israel. Os próprios hebreus eram cananeus.

Os arqueólogos afirmaram que não existe *nenhuma evidência arqueológica dos famosos projetos de construção do templo de Salomão. As escavações nada comprovaram.*

Por sua vez, Shlomo Sand, em sua obra *A invenção do povo judeu*, afirma que no século VI a.C. *Jerusalém não passava de uma aldeia que evoluiu gradualmente para pequena cidade.* Não existem comprovações históricas nem vestígios da existência de Salomão, cuja riqueza a Bíblia descreve em termos que igualam aos poderosos reis da Babilônia e da Pérsia. Shlomo também refere que o reino dos hasmoneus constituiu a primeira dinastia judaica. Os idumeus também foram chamados de povo judeu.

Como acreditar que Moisés tenha subido numa nuvem para descer no Monte Sinai, tendo lá permanecido por 40 dias? Como acreditar nas mulheres e na riqueza de Salomão? Como acreditar que Sansão tivesse matado mil filisteus com uma queixada de asno? Seria aceitável que os hebreus tivessem exterminado os cananeus, que eram os primeiros judeus que habitavam Canaã? Seria como dizer: os próprios teriam assassinado os mesmos.

Seria possível que Davi, com uma atiradeira, tivesse dado cabo do gigante Golias e em seguida mandado para o inferno mais duzentos guerreiros filisteus, terminando por levar consigo o prepúcio dos mortos? Como acreditar que o profeta Jonas tivesse sido engolido por um peixe enorme e, depois de fermentar na pança por três dias, tivesse sido vomitado com vida.

A verdade, toda a verdade, é que a população dos hebreus foi formada por cananeus, hasmoneus, idumeus e outros povos que habitavam a terra de Canaã, que eram politeístas e veneravam vários deuses. O mais importante deles era Jeová, mas também adoravam outras divindades como, por exemplo, Baal, também conhecido por Shamash, e a bela deusa Astarte.

Enfim, existiam muitos deuses chamados de Eloim. Yavé era um deles, o que prova que os judeus eram fervorosos politeístas, até que Moisés escolheu Jeová para ser o Deus único dos hebreus. A partir de Abrahão e Moisés, os judeus adotaram o monoteísmo. No Monte Sinai, Deus revelou a Moisés que se chamava YAHWEH.

O maior historiador do povo hebreu, sem nenhuma dúvida, foi Flávio Josefo. Ele descreveu a antiguidade judaica desde a criação do mundo até a destruição de Jerusalém pelo Imperador Tito, no ano 70 de nossa era. Ele era judeu que viveu entre 37 e 103 depois de Cristo. Falava grego, latim e aramaico. Inicialmente foi chefe de uma revolta dos judeus contra os romanos. Foi derrotado, rendeu-se ao exército e foi conduzido preso a Roma, onde o Império lhe concedeu cidadania romana.

O importante com relação a Josefo é que, por algum tempo, ele morou em Canaã. A maior parte de sua narração teve por base o Antigo Testamento. Em seu famoso e extenso livro, ele confirmou que Abraão chegou em Canaã e foi morar em Siquém, terra dos cananeus. Confirma a ocorrência de uma grande fome, levando Abraão a abrigar-se no Egito. Afirma que a história bíblica tem importância por ter como fundamento o espírito de Deus. Informa que Adão e Eva tiveram dois filhos e três filhas. **Registra que Cam estabeleceu-se na Judeia, conhecida com o nome de Canaã.** Faz referência à crueldade dos egípcios no tratamento dos israelitas. Menciona as dez pragas. Relata que Deus também separou as águas do mar da Panfília, possibilitando ao comandante macedônio Alexandre atravessá-lo para destruir o império persa.

Consta que era hábito borrifar com sangue dos animais as vestes de Arão para imolá-los e, também, santificar o tabernáculo com bálsamo e sangue dos touros.[56] Repete a matança dos povos que habitavam as terras conquistadas. Menciona a revolta de Corá, Datã e Abirão contra Moisés, razão para Deus puni-los abrindo a terra "*com um ruído espantoso: tragando em seu bojo os sediciosos, inclusive suas famílias, suas tendas e todos os seus bens, depois cobriu tudo sem deixar vestígio algum de tão prodigioso acontecimento*".[57]

Flávio Josefo confirma a série de fatos incríveis comprobatórios das terríveis vinganças de Deus contra qualquer povo que não fosse hebreu. Deus não ruborizava suas faces nem comovia seu coração quando determinava o cometimento de ações criminosas contra povos que viviam tranquilos em seus lares sem terem feito mal a ninguém.

Com relação ao rei Salomão, o historiador informa que ele mandou fazer 80 mil taças de vinho, 10 mil outras de ouro, 160 mil pratos de prata e 70 mil vasos de ouro. São fatos que demonstram mania de grandeza e que nos levam a apenas uma conclusão: os redatores transformaram um rei fictício em jactancioso. As referências aos textos sagrados são tão lendárias e fantasiosas como as histórias constantes nos livros de Josefo. Além desses fatos, também foram constatadas contradições. Por exemplo: a Bíblia diz que o profeta Elias foi arrebatado aos céus, mas Josefo informa que Elias apenas desapareceu.

56 Como no mitraísmo. Como no candomblé.

57 Flávio Josefo, Livro 4, capítulo 3, e Números, capítulo 16, versículos 31 e 32.

Em favor de nossa exposição, consideramos proveitoso mencionar a nota do editor da *História dos hebreus* em relação aos fatos imaginativos atribuídos a Salomão por Flávio Josefo. Ele sublinhou: *Em face desses estranhos procedimentos atribuídos a Salomão, cabe-nos registrar que não os aceitamos como reais, por serem contrários aos ensinamentos bíblicos. O autor deve tê-los extraído de algum conjunto de tradições dos judeus, muitas vezes sujeitas a fantasias, para dar-lhes maior colorido*".[58]

O historiador Maneton afirmou terem os hebreus vindo do Egito e que teriam partido mil anos antes da Guerra de Troia. Foi contundentemente desacreditado por Josefo, que afirmou *serem meras fábulas, sem verdade e sem fundamento*. Josefo fez jogo duplo: num momento em favor dos judeus; noutro, dos romanos.

O bom senso contém o dom de considerar como inaceitáveis as exaltações das guerras, dos crimes constantes da Bíblia e de seu conteúdo de imagens assustadoras, acrescidas de parvoíces, contradições e divagações sem fim. Esta é a conclusão lógica, e, **por essas razões, temos a obrigação de acusar como falsa a maioria absoluta dos acontecimentos relatados.**

Ocorre que um Concílio Vaticano declarou que a história bíblica contém sacralidade canônica e por essa razão deve ser considerada *divinamente inspirada*, de tal modo que *o autor principal é Deus e os hagiógrafos se transformaram em instrumento dele*. Mais ainda, *Deus se torna garantidor de tudo aquilo que o hagiógrafo inspirado escreve. Ele não pode enganar-se nem enganar. O livro é imune a qualquer erro.*

Por essas "virtudes" todas, a Vulgata latina montada por São Jerônimo foi declarada autêntica pelo Concílio de Trento. Via de consequência, os deístas, além de estarem encurralados, estão obrigados a considerar como verdadeiras todas as histórias contadas e a aceitar os fatos como verdadeiros, mesmo face às ordens do Senhor dos

58 *História dos hebreus*. Obra completa. Casa Publicadora das Assembleias de Deus. 4ª ed. – 2000, p. 200.

exércitos em relação aos assassinatos de homens, mulheres e crianças, inclusive os primogênitos de humanos e animais.

Devemos então concordar com as carnificinas e com as injustiças comandadas por Deus? Melhor então seria não ter deuses, a exemplo dos jainistas, que colocaram a seguinte inscrição num de seus templos: *A não violência é a mais elevada das religiões*, a qual poderíamos complementar com esta outra: *O elemento mais nocivo da sociedade é a ignorância*. Por essas razões todas, as montagens das construções da teologia tinham seu limite no grau, ou melhor dizendo, no âmbito do conhecimento sociológico de cada época.

Os jainistas têm razão. Como poderia Deus nos obrigar, sob as penas de pecado mortal, a cumprir fielmente os dez mandamentos, se ele foi, e ainda é, o primeiro a descumpri-los? Ele é também o Deus das hordas do Estado islâmico, responsáveis pela destruição dos monumentos históricos da Síria, Kuwait, Iraque, Afeganistão, como também pelo extermínio de "ímpios", reproduzindo cópias exatas do terrorismo bíblico. De nada adianta pretender buscar nas grandes religiões o que há de melhor quando o fator que prevaleceu foi, e ainda é, o pior dos lados. Como poderemos aceitar o fato de o cristianismo fazer recair sobre toda a humanidade o pecado paradisíaco de um casal? Uma religião com tal concepção, melhor seria dizer, com tal condicionamento, somente poderia ser uma religião patológica. Santo Agostinho, o criador do termo "pecado original", não passa de um astucioso sofista, fabricante de falsidades bíblicas. A humanidade tem que abominar a ideia de deuses impiedosos e, também, o maquiavelismo religioso implantado no espírito dos crentes.

11. O NOVO TESTAMENTO: A HISTÓRIA DE JESUS

Preliminarmente, não há como afastar deste texto a obrigatoriedade de uma apreciação *sub oculi* da lógica e do bom senso no que concerne às linhas expostas nas narrações ditas sagradas, que alteraram de vez as concepções do politeísmo democrático, substituindo-o por um perverso sistema monoteísta, que só conseguiu se expandir associando-se aos Estados poderosos, além de estimulado pelo comando centralizado da Cúria Romana. Como resultante dessa cooperação recíproca, as religiões monoteístas transformaram-se em categorias hierárquicas/estatais, cuja união veio possibilitar, por um lado, a conquista de países pelos batalhões laicos e, por outro, a imposição dos ordenamentos religiosos aos povos vencidos. Aliás, bem na perspectiva do novo Deus, que ao manifestar-se sobre a missão dos apóstolos disse: *Ide por todo o mundo e pregai o evangelho a toda criatura. O que crer e for batizado será salvo; o que não crer será condenado.*[59] (Mas nunca sugeriu o uso de violência.) Se os homens só pudessem entrar no céu se fossem batizados (o Batismo apaga o pecado original), obrigatoriamente, deveríamos indagar: e antes da instituição do batismo, os que morreram foram todos condenados ao braseiro infinito?

---

59 Evangelho de São Marcos, capítulo 16, versículo 15.

O Velho Testamento foi escrito alguns séculos antes da Era Cristã, e os Evangelhos, dos anos 50 aos anos 100 depois de Cristo. As datas poderão sofrer pequenas variações. A pergunta é: serão totalmente verdadeiras as histórias que os livros relatam? Quais os livros autênticos: os da Bíblia ou os Evangelhos? As conclusões correm por conta dos leitores.

Sejam quais forem as deduções, faz-se necessário o levantamento de hipóteses concernentes às épocas em que as obras foram escritas, com destaque para as concepções "filosóficas" existentes no ambiente social e o nível cultural dos povos que foram protagonistas das histórias contadas, levando-se em consideração não apenas os aspectos esotéricos ou místicos, mas, de modo especial, o nível de conhecimento em relação à cosmogonia que é a ciência que trata da origem e evolução do Universo.

Os povos da antiguidade clássica, período que se iniciou há mais ou menos 800 anos antes de Cristo e foi até o ano 476 da nossa era, substituído, na sequência, pela Idade Média, mantinham a arraigada crença de que a Terra era plana, o sol girava em torno dela e as doenças tinham origem na punição dos deuses, ou eram coisas do demônio. Também acreditavam que existiam bruxas voadoras e centenas de outras manifestações imaginárias, originadas de equívocos causados pela carência de discernimento em relação à criação da matéria (Universo) e ao espírito (mente humana). Acresça-se que o mundo daquela época estava saturado de superstições, magias, astrologias e outras sinapses neurônicas imperfeitas, que tiveram influência impactante na formação das religiões. Defeitos que, infelizmente, ainda se manifestam nos dias de hoje.

O Gênesis nos informou que a Terra tem, aproximadamente, 6 mil anos. Dedução obliterada pelo obscurantismo cultural que, para o bem da humanidade, foi completamente rechaçada pelo avanço científico, que, em caráter definitivo, veio a comprovar que o Sistema Solar existe ao redor de 5 bilhões de anos. Viável, então, que se proclame que a explicação da origem do universo obrigatoriamente tem que ser científica, isto é, fora de qualquer sondagem teológica/religiosa. Como decorrência, uma conclusão lógica se impõe: **"Se nenhum Deus criou o mundo, muito menos um Deus criou Adão".**[60]

Talvez não haja erro em se afirmar que esse era o ambiente pré-cristão, contaminado pelo obscurantismo cultural existente na cidade de Jerusalém e em outras próximas, salientando-se Belém e Nazaré. Mas será que Jesus Cristo foi um vaticínio do Antigo Testamento, como muitos têm entendido? Cremos que não, tendo em vista o total silêncio dos livros bíblicos sobre o assunto.

Na verdade, existem exceções não confiáveis. O profeta Isaías vaticinou: *Uma virgem conceberá e dará à luz um filho, e o seu nome será Emanuel. Ele comerá manteiga e mel, até que saiba rejeitar o mal e escolher o bem. Porque, antes que o menino saiba rejeitar o mal e escolher o bem, a terra que tu detestas será desamparada por causa de seus dois reis*. Será que Emanuel tem o significado de messias?

O capítulo 61 – Profecia de Isaías – tem o título de "A missão de Cristo e a glória da Igreja". Todavia, o corpo do capítulo não corresponde ao enunciado. Apenas o introito diz o seguinte: *"O espírito do Senhor repousou sobre mim, porque o Senhor me ungiu; Ele me enviou para evangelizar os mansos, para curar os contritos de coração, e pregar a redenção aos cativos, e a liberdade aos encarcerados; para publicar o ano da reconciliação do Senhor, e o dia da vingança do nosso Deus para consolar todos os que choram.*[61] **Como regra geral, não há como ligar predições proféticas com a vinda de Cristo, mesmo porque o vocábulo grego Cristo (o ungido), referido por Isaías, somente surgiu depois do nascimento de Jesus.**

Entretanto, é inegável que naqueles tempos a Palestina vivia uma espécie de milenarismo, marcado por um mundo efervescente que aguardava a vinda de um salvador para punir os malfeitores e,

60 Omar Ferri: *Razão x Religião.*

61 Isaías, capítulo 61, versículos 1 e 6.

também, para consolar os desamparados. Por essa razão a região estava repleta de alucinados pregadores dos novos tempos que vagavam errantes pelas comunidades. Flávio Josefo registra que o Profeta Elias fazia milagres, **um deles dizia que Isaías, na presença de todo o povo, matou quatrocentos e cinquenta falsos profetas.**[62] Para a quase totalidade das religiões, matar se constituía numa habitualidade.

Relata a tradição que diante de centenas de caminhantes um deles teve destaque triunfante. Seu nome era Jesus. Ele proclamava ter sido enviado por Deus, que lhe havia *dado todo o poder no céu e na terra*, missão que ele confirmava a seus discípulos preceituando: *Ensinai todas as gentes, batizando-as, em nome do Pai, e do Filho, e do Espírito Santo, ensinando-as a observar todas as coisas que vos mandei; e eis que eu estou convosco todos os dias, até a consumação dos séculos.*

Os Evangelhos canônicos informaram que sua mãe continuou virgem, mesmo depois de dar à luz. Ela teve outros filhos: Tiago, José, Simão e Judas, além de duas meninas chamadas Assia e Lídia, mas continuou sempre sendo considerada virgem. A tradição dos papas e a autoridade da Igreja não permitem que se levantem dúvidas sobre esse absurdo.

Jesus nasceu numa manjedoura em Belém. Foi batizado no rio Jordão por João Batista. Refere o Evangelho de São Marcos *que, logo ao sair da água, viu os céus abertos e o Espírito Santo, que descia e pousava sobre Ele, em forma de pomba, e ouviu-se dos céus uma voz: tu és o meu filho amado, em ti pus as minhas complacências.*

Comunicava-se com o povo através de narrativas de fundo moral chamadas de parábolas. As multidões começaram a segui-lo. Tendo Jesus subido uma montanha, alguns se aproximaram dele e foram escolhidos como os doze apóstolos. Para conquistá-los, Jesus operou milagres, curou leprosos e paralíticos, reviveu mortos, andava sobre as águas, multiplicava pães e vinho, abarrotava os barcos de peixes.

62 Flávio Josefo, livro oitavo, capítulo sétimo.

Enfim, morreu crucificado numa cruz. Ressuscitou e subiu aos céus, onde convive com o Deus criador, com toda a certeza, na santa paz e na pura felicidade. **Ou, então, desintegrou-se na essência do Pai, como resultado do monoteísmo, que só admite a existência de um só Deus.**

Habitualmente, Ele pregava sobre o final dos tempos e em tom profético afirmava que ***não passará esta geração, sem que todas estas coisas se cumpram.*** *Passará o céu e a terra, mas minhas palavras não passarão.*[63]

63 Evangelho de São Lucas, capítulo 21, versículo 32.

12. A GERAÇÃO PASSOU E AS COISAS NÃO SE CUMPRIRAM

Quanto à humanidade aqui na terra, ela perdeu suas referências abatida pelas dores dos dramas da vida e pelas dificuldades de toda ordem causadas pela fome, pela miséria e pelas catástrofes que se alastram de maneira dramática pelo mundo afora. Os desentendimentos e as guerras entre as nações nunca terminam. Os camelos não conseguiram passar pelo buraco da agulha e o mundo virou o céu dos especuladores. No que concerne especialmente ao Cristo, que disse: *Eu estarei convosco todos os dias até a consumação dos séculos*, não passou de pura fake news. Aliás, bem na medida dos políticos de hoje, que no proselitismo das campanhas eleitorais prometem estar junto ao povo, e quando eleitos juntam-se aos poderosos para ganhar o reino dos céus aqui na terra. Se o céu não existe, a humanidade foi tungada.

Seu destino foi selado pelo poder de Roma e pelo interesse dos príncipes dos sacerdotes. O Império pressentia que as mensagens de Cristo poderiam abalar a "Pax" dos conquistadores. E o Sinédrio, pela razão de não aceitar que o "Rei dos judeus" se tornasse motivo de ameaça ao poder do Templo de Salomão, visto que todo o povo admirava sua doutrina.

Foi profetizado também que Pedro negaria Jesus por três vezes: *Nesta noite, antes que o galo cante, me negarás três vezes.* Estava escrito que *O filho do homem será entregue aos príncipes dos sacerdotes e aos escribas.* Jesus foi preso no Horto, beijado por Judas Iscariotes, que havia combinado com o príncipe dos sacerdotes que Jesus seria osculado por um beijo mortal sinalizando a senha que possibilitaria a prisão de Jesus por um pelotão comandado pelo príncipe dos sacerdotes. Depois de escarnecido e açoitado, foi condenado à morte por crucificação. Revelam os textos evangélicos que no terceiro dia ressuscitou.

Este trabalho não tem nenhum interesse em afirmar que Jesus não tenha existido, embora existam controvérsias. Face aos quatro evangelhos canônicos e aos sessenta apócrifos, mais as epístolas e o apocalipse, com o acréscimo da pregação de Tiago na Judeia e de Saulo de Tarso pela Ásia Menor, Turquia, Grécia, até Roma, fato que deu dimensão universal às palavras de um pregador subversivo, que com o correr do tempo deu forma ao cristianismo. O movimento, inspirado pelas ideias de Cristo, representado por pescadores e por uma multidão de pobretões, que aspiravam à libertação da tirania das legiões romanas e à emancipação do jugo do Sinédrio, uma corporação representada pelo Sumo Sacerdote e pelos Doutores da Lei, e que davam forma à religião do Deus Pai, todas essas circunstâncias tornaram impossível apagar da história a figura de um poderoso mensageiro de novos tempos a ponto de sepultar definitivamente o conceito de um Deus punitivo, comandante de guerras contra todos os povos que não fossem hebreus. Essas novas ideias sensibilizaram o Imperador Constantino, a ponto de permitir, em 312, o livre culto do cristianismo, instituído em 382 por Teodósio I como religião oficial do Império Romano.

Na verdade, Jesus soterrou o Deus de um só povo. Povo que foi implacavelmente cativado pelo messianismo de um líder popular manso e humilde de coração, que instituiu igualdade entre os homens e que, no sermão da montanha, definiu as linhas principais de seu proselitismo religioso, levando a palavra de bem-aventurança aos pobres e humildes, aos que choravam, aos que tinham fome e sede de justiça, aos que sofriam perseguição e, enfim, afiançando que deles seria o reino dos céus.

Não existem nem fatos nem argumentos que permitam acreditar que Jesus tivesse por objetivo fundar uma nova religião. A expulsão dos mercadores do templo confirma esse entendimento. Ao tomar conhecimento de que eles estavam traficando mercadorias no átrio do templo, exclamou: "*Esta é a casa de meu pai. É casa de oração e vós fizestes dela um covil de ladrões*", e, com um chicote[64], vergastou o lombo dos trambiqueiros.

64 O Evangelho usa o termo "azorrague".

13. OS LIVROS DE FLÁVIO JOSEFO

Embora a leitura do Novo Testamento seja mais assimilável que o texto bíblico, permanecem dúvidas em relação a fatos extravagantes não condizentes com acontecimentos historicamente aceitáveis.

Comecemos com a genealogia de Jesus constante no capítulo 2, versículos 23/38, do Evangelho de São Lucas, ao registrar que Jesus era filho de José, filho de Heli, de Matat, e assim continuou por uma inaceitável memorização de 4 mil anos, até chegar em Sem, que foi filho de Noé, que foi de Lamec, que foi de Matusalém, de Henoc, de Set, de Adão, o qual foi criado por Deus.

Pelos dados encontráveis nos livros bíblicos, pelos ensinamentos da Igreja e de seus sacerdotes, **o mundo foi criado por Deus há mais ou menos 6 mil anos, fato que implica a falsidade da criação bíblica.** Aliás, é incontestável a concepção científica de que o universo teve origem há mais ou menos 13,8 bilhões de anos. Já é uma diferençazinha quase infinita. Se analisarmos atentamente a genealogia constante do Evangelho de São Lucas, podemos observar no versículo 38 que os três primeiros progenitores foram Henoc, que foi filho de Set, que foi filho de Adão.

Ocorre que o Gênesis menciona que Caim conheceu sua mulher (não consta o nome), a qual concebeu e deu à luz Henoc.[65] Portanto, Henoc é filho de Caim, e não filho de Set como consta no Evangelho de São Lucas. A conclusão lógica é que, pela Bíblia, todos somos filho de Caim, responsável pelo primeiro crime perpetrado no mundo.

Já o Evangelho segundo São Mateus, ao referir-se à mesma genealogia, não teve coragem de chegar a Henoc, nem a Caim e muito menos a Adão. Ele, em sentido contrário, inicia a genealogia com Abrão, que gerou Isaac, que gerou Jacó, até chegar a José, que gerou Jesus. Seria possível concluir que Mateus tivesse optado por esconder da linha genealógica de Jesus o nome de Caim? Então todos seríamos filhos de um homem considerado maldito por Deus?

Existem outras discrepâncias evangélicas que merecem ser sublinhadas. O Evangelho de São Lucas diz que Jesus nasceu no tempo do rei Herodes. **Todavia, a verdade é que Herodes morreu quatro anos antes do nascimento de Cristo.** Como dedução, podemos afirmar que a história dos três reis magos não passa de pura lenda e, como consequência, não pode ser verdadeira a ordem de Herodes de mandar matar todos as crianças nascidas de dois anos para baixo, **mesmo porque a ordem de matar crianças era privilégio exclusivo do Deus bíblico.**

Induvidosamente, existem contradições da mais alta importância que merecem ser analisadas. Se afirmamos anteriormente que a *História dos hebreus* de Flávio Josefo foi a concepção mais abrangente das histórias bíblicas e do povo hebreu, podemos também afirmar que nenhuma outra obra tem a notabilidade dos livros de Josefo. Sua narração é detalhista. Praticamente nada lhe escapou em relação aos acontecimentos ocorridos na Palestina referente à época de Jesus.

Discriminou os fatos pela importância dos acontecimentos e os apresentou a partir de Herodes, declarado em Roma, pelo Imperador

65 Gênesis, capítulo 4, versículo 11.

Antônio, Rei da Judeia. Relembra a guerra dos judeus contra os romanos. Descreve a cidade de Jerusalém e seu templo. Toma parte efetiva nos confrontos. Reproduz minuciosamente a destruição de Jerusalém. Enfim, seu livro é uma verdadeira radiografia de tudo o que aconteceu em Jerusalém ao tempo das guerras contra o Império Romano. Mas, se os evangelhos colocaram naquela época Jesus como personagem central dos acontecimentos ocorridos na Judeia, por que, praticamente, nada existe em referência a ele nos livros de Flávio Josefo?

Em sua obra, de mais de oitocentas páginas, escritas em letra miúda, qual o destaque dado a Jesus? Praticamente nenhum. Jesus foi mencionado apenas em meia dúzia de linhas. Vejamo-las:

Nesse mesmo tempo apareceu Jesus, que era um homem sábio, se, todavia, devemos considerá-lo como um homem, tanto suas obras eram admiráveis. Ele ensinava os que tinham prazer em ser instruídos nas verdades e foi seguido não somente por muitos judeus, mas mesmo por muitos gentios. Era o Cristo. Os mais ilustres da nossa nação acusaram-no perante Pilatos e ele fê-lo crucificar. Os que o haviam amado durante a vida não o abandonaram depois da morte. Ele lhes apareceu ressuscitado e vivo no terceiro dia, como os santos profetas o tinham predito e que ele faria muitos outros milagres. É dele que os cristãos, que vemos ainda hoje, tiraram seu nome.

Como podemos verificar, biografia completa. Jesus apareceu, ensinou, fez milagres, fez seguidores, foi acusado, crucificado e ressuscitou no terceiro dia. Conclui-se que não foi descrita uma história, apenas uma sequência de títulos. Nada mais. Há um silêncio total sobre sua vida, sua família, seus ensinamentos e seus milagres, e, enfim, sua doutrina. Uma narrativa tão abrangente não tinha como silenciar sobre os importantes fatos mencionados na quase uma centena de evangelhos.

Na verdade, a menção da citação anterior trata-se de um fragmento considerado apócrifo pelos escritores Bruno Bauer, Engels,

Arthur Drews, Charles Hainchelin e outros. Josefo escreveu também sua biografia. Nela, a certa altura afirma que:

Um certo Jesus da Galileia, nesse mesmo tempo, veio a Jerusalém, com seiscentos homens, que ele comandava; pagaram-no por três meses e a todos os seus soldados e os induziram a segui-los, para fazer tudo o que eles lhes mandassem; uniram-se ainda a eles trezentos habitantes de Jerusalém aos quais pagaram também. Assim partiram levando com eles a Simão, irmão de João, e os cem soldados que haviam trazido. Tinham, além disso, uma ordem secreta de me levar a Jerusalém, se eu deixasse de boa mente as armas e de matar-me, se eu oferecesse resistência, sem temor de serem castigados, pois faziam-no em virtude do seu poder.

Quando esses fatos aconteceram, Josefo era o Governador da Galileia. Se esse Jesus é o mesmo Jesus que foi crucificado por ordem de Pilatos (ambos são da Galileia), as citações não se harmonizam com a monumental história propalada pelos evangelhos. Inobstante, os crédulos poderiam considerá-las como suficiente. Contudo, se a primeira é produto de uma interpolação, a segunda versa sobre um Jesus chefe de um batalhão de mercenários interessados na morte de Josefo, que somente desistiram do intento após terem sido pagos para se afastarem de Jerusalém. Por dedução, é forçoso concluir a existência de incontornáveis discrepâncias, cuja história, em última análise, tende mais para um surrealismo lendário do que para a narração de fatos realmente acontecidos. Para afastar quaisquer dúvidas, é de bom alvitre relembrar que Flávio Josefo nasceu no ano 43 depois da era cristã. Portanto, o Jesus ora mencionado não é de maneira alguma o Jesus dos evangelhos.

Da mesma forma, o maior historiador da época de Cristo em nenhum momento de sua abrangente narração histórica fez qualquer afirmação, no sentido de que Deus tivesse enviado seu filho à terra para salvar a humanidade do pecado original.

Face aos quatro evangelhos canônicos, seguidos pelas epístolas, pelo Apocalipse e pelos evangelhos apócrifos, em número de sessenta, e, enfim, pelas pregações de Tiago – irmão do Mestre – e São Paulo, que deu dimensão universal ao cristianismo, disseminando o ideário cristão por toda a Ásia Menor, Turquia, Grécia e Roma, como não acreditar no Jesus homem? Mas, se existiu – naquela época havia várias pessoas com o nome de Jesus –, certamente o Jesus divindade não passou de produto literário de uma epopeia sagrada dramatizada por epígonos, exatamente igual aos relatos do irrealismo mágico-mitológico existente em todas as religiões.[66]

66 Omar Ferri – *Razão x Religião.*

14. ESTAVA ESCRITO

Não existem razões que possam justificar um inter-relacionamento entre Deus e a humanidade, ou entre o Criador e a criatura. São conceitos que não se comunicam. Bem ao contrário, tanto sob o ponto de vista ético como de causa final, se repelem. Tal qual determinismo e livre-arbítrio, que são representações psicogênicas antagônicas. Em outras palavras: ou o homem é um ser realmente livre, ou seu comportamento é reflexo do meio ambiente e do nível cultural da comunidade onde vive. Poderíamos admitir que o homem pode livremente ter direito de opção de acordo com sua vontade. Tudo bem. Em termos sociológicos é até possível. Todavia, o problema reside quando entram em cena as proposições religiosas. Ou a liberdade humana se desenvolve de acordo com as causas naturais, ou vale a sentença "estava escrito", ou ainda "tinha que acontecer".

Além disso, muitas vezes, ocorrem distúrbios psíquicos que nosso estado emotivo não consegue reprimir. Como consequência, perdemos o livre-arbítrio. É tão verdadeira essa afirmativa que Robert Sapolsky, professor de biologia e neurologia na Universidade de Stanford, nos EUA, sobre a questão afirmava com ênfase: "**Nós somos a soma do que não podemos controlar**".

Um dos fundamentos básicos do criacionismo tem por base o fato de que Deus criou o homem dando-lhe livre-arbítrio, isto é, a liberdade de escolher o caminho do bem ou do mal. Mas, no momento em que Deus proibiu Eva de comer a maçã e a humanidade de fornicar, de desobedecer, de casar com mulheres não hebreias, e determinou regras de alimentação e de conduta, como, por exemplo, ordens para destruir templos, muralhas e cidades, para matar cidadãos, inclusive primogênitos humanos ou de animais, isso sinaliza proibições que impedem que o homem possa comportar-se de acordo com seus impulsos pessoais. Um Deus assim não deu nenhuma liberdade; pelo contrário, impossibilitou seu povo de livremente decidir na conformidade de suas aspirações coletivas ou individuais. Deus puniu Adão. Censurou Caim. Transformou a mulher de Lot numa estátua de sal sem dar-lhe a mínima chance de salvação.

Os livros sagrados estão repletos dessas ordenanças divinas que terminaram por suprimir a liberdade do homem. Os evangelhos mantiveram essas determinantes comportamentais. O cumprimento das profecias é determinismo puro.

Estava escrito que o **filho do homem** *será entregue aos príncipes dos sacerdotes e aos escribas e o condenarão à morte*. Ele também disse: *Em verdade vos digo que um de vos há de me entregar*. Ou então: *Mas tudo isso aconteceu, para que se cumprissem as escrituras*. Como já salientamos anteriormente, Pedro negaria Jesus por três vezes. Também estava escrito que Judas trairia Jesus.

Após esse verdadeiro maktub de acontecimentos, Jesus ainda acrescentou: *Ai daquele homem por quem foi entregue o filho do homem. Melhor fora a esse homem não ter nascido*. O que é incrível em toda a história desarmônica do sacrifício de Jesus é que, na verdade, ele excluiu Judas de culpa e terminou culpando Deus, seu pai: *Eli, Eli, lamma sabachtani?* Que quer dizer: *Deus meu, Deus meu, por que me desamparaste?*[67]

67 Também: "Eloi, Eloi, Lamá Sabactani?" (Eloins eram um grupo de deuses hebraicos em período anterior ao monoteísmo).

Mas, para Ele, sendo Deus, ou filho de Deus, não haveria necessidade de encenação determinista. Todo esse final trágico da história de Jesus pode ter muitos culpados. Esses muitos poderiam ser a estratégia dos príncipes do Sinédrio, ou os interesses de Roma, ou ainda a segurança do trono de Pilatos, que temia a ameaça de um suposto novo rei.

Creio que a interpretação mais lógica seria aceitar o fato de que os sacerdotes hebreus, constatando o nascimento de um líder carismático no seio de sua própria igreja, com temor da democratização do culto e da perda de poder da estrutura de dominação, deliberaram eliminar o perigoso concorrente.[68]

Entretanto, apesar desse conjunto de causas, o apóstolo Judas figurou como culpado para que se cumprissem as determinações das escrituras sagradas.

Judas "traiu" para justificar o que estava escrito. Seu crime foi cumprir os desígnios do Messias. Sua conduta serve mais para injustiçado do que para traidor. **Foi a primeira grande vítima do cristianismo.** Sem a possibilidade de conduzir-se pelo livre-arbítrio, morreu sufocado pelo determinismo fatalista dos livros sagrados.

68 Omar Ferri – *Razão x Religião.*

15. OS EVANGELHOS APÓCRIFOS

É necessário comparar relatos. Os fatos têm que ser analisados e avaliados de acordo com suas amplitudes. Não podem prevalecer deduções personalistas, ou centradas em acontecimentos isolados. Igualmente, não é da lógica que possam prevalecer argumentos fora do contexto. Há que se fazer apreciações e ligações de conjunto. Não é viável que se levem em consideração fatos surrealistas, muito menos que se defendam ideias baseadas em episódios favoráveis à exaltação de clãs ou povos, de modo especial, quando existem acontecimentos que podem ser verdadeiros e outros seguramente falsos. Os escribas dos evangelhos canônicos não conviveram com Jesus nem descreveram os fatos relatados na época em que aconteceram. **A Bíblia, os evangelhos e os deuses nasceram de ficções. Este livro descreve realidades.**

Além dos evangelhos oficializados pelo cristianismo, existem evangelhos que não fazem parte dos cânones bíblicos. *Muitos foram escritos por apóstolos, como é o caso dos Evangelhos de Pedro, de Tomé, de João, de Clemente, de André, de Felipe, de Matias, de Tiago Menor, de Paulo e de Estevão, entre outros.*[69] Por essas razões e principalmente para evitar o predomínio das exaltações canônicas, a historiografia oficial deve ser objeto de cotejo, isto é, confrontada com os demais evangelhos, embora todas as conclusões, obrigatoriamente, quer para

69 *Evangelhos apócrifos* – Luigi Moraldi – Ed. Paulus – 1999.

o lado do bem, quer para o lado do mal, têm que partir da premissa de que todos foram inspirados pelas pregações de Jesus.

São dezenas os evangelhos ditos apócrifos. No caso, apócrifo não significa que eles tenham sido produto de falsificações. A razão é que o cristianismo apenas reconhece como canônicos os evangelhos atribuídos a Mateus, Lucas, João e Marcos, que são os que realmente interessam aos ensinamentos cristãos. Eles, os apócrifos, foram escritos entre os séculos II e VIII da nossa era. Creem alguns historiadores que muitos fatos sobre a vida de Jesus, da infância até os 30 anos, foram deliberadamente omitidos pelos evangelhos sinópticos.[70] Aparece neles um personagem diferente por protagonizar acontecimentos os mais incríveis que se possa imaginar. E agora, o que devemos fazer? Negar esses fatos, que na realidade são considerados como partes integrantes dos demais evangelhos, ou homenagear a verdade, levando em consideração as mensagens que eles contêm?

Os evangelhos apócrifos dizem que Maria foi dada em custódia a José, que era velho e viúvo e havia deliberado em não casar novamente. Os irmãos de Jesus mencionados pelos evangelhos canônicos eram, segundo os apócrifos, filhos de José e de sua primeira mulher. De tal forma que Maria continuava virgem, e para permanecer virgem o Verbo Divino fecundou-a penetrando-a através de uma orelha.[71]

Jesus gostava de viver no meio de mulheres. Maria Madalena era a sua melhor amiga e, para o ciúme de seus discípulos, Jesus beijava-lhe na boca. Certa ocasião Jesus passou a noite em seus aposentos com um jovem vestido unicamente com uma túnica sobre o corpo. Segundo alguns hereges de plantão, Jesus e o jovem tinham passado a noite juntos e nus. Sobre esse aspecto Jesus é de difícil caracterização. Alguns textos dão a entender que tivesse aversão ao sexo e ao casamento, em outros assumia tendências que se poderia dizer

70 Os Evangelhos de Mateus, Marcos e Lucas são também chamados de Evangelhos sinóticos por conterem passagens que se harmonizam como partes de um conjunto que podem ser comparadas.

71 *O outro Jesus*, obra citada, p. 33.

homossexuais. Também consta que mantinha contato íntimo com mulheres, tanto que Maria Madalena era chamada de sua companheira e até considerada por alguns seguidores como amante e esposa.

Conforme os Evangelhos de São Lucas e São Mateus, a concepção e o nascimento foram sobrenaturais (Mateus 1/18-20 e Lucas 1/26-38). A concepção foi obra do Espírito Santo e se deu durante o noivado de Maria e José, antes da coabitação. Em ambientes judaicos houve versão de que Jesus seria filho adúltero de um soldado romano chamado Pantera.

Todos conhecemos a fuga da família de José ao Egito para escapar da ordem de Herodes (o Grande) de matar todas as crianças de até dois anos da Judeia. Sucede que, quando chegaram ao Egito, Jesus soube da morte de Izabel, mãe de João[72], que com medo de Herodes estava escondida em grutas e penhascos próximos a Jerusalém.[73] Maria ficou muito triste e chorava compungida por não poder estar presente nas exéquias. Jesus, vendo sua mãe sofrer, fez uma nuvem descer até eles para transportá-los ao local do enterro. Depois, também viajando numa nuvem, voltaram ao Egito.[74] Provavelmente, mais que nos evangelhos canônicos, os apócrifos revelaram um Jesus poderoso que a toda hora fazia milagres, curava doentes, ressuscitava mortos e, paralelamente, um Jesus temível que chegava a ponto de matar e cegar pessoas por fatos insignificantes. Está claro que as forças da terra não prevaleceriam contra ele. Mas, apesar de todo o poder, usado centenas de vezes, fugia de Herodes como o diabo foge da cruz. Talvez, por causa dessas contradições e para não se enredar em histórias tão confusas, a Igreja tivesse anatematizado os evangelhos apócrifos e escolhido os quatro canônicos por opção ao Cristo crucificado, que ressuscitou para salvar a humanidade e se tornar centro irradiador de uma nova religião. Existem autores que afirmam que Jesus não

72 Possivelmente a comunicação tenha sido feita por WhatsApp.

73 Herodes também teria dado ordens para que matassem João, que mais tarde pregou no deserto e batizou Jesus.

74 Melhor teria sido viajar em um tapete voador, pelo menos mais apropriado e mais aceitável.

morreu na cruz, pois seu corpo não era humano. Para o Corão, foi Judas Iscariotes quem foi condenado à crucificação. Ainda pelos textos apócrifos, Jesus teria nascido em Nazaré, não em Belém.

Os evangelhos sinóticos dizem que José e Maria se deslocaram de Nazaré para Belém porque estavam obrigados a submeter-se ao recenseamento ordenado pelas autoridades romanas. Contudo, o recenseamento ocorreu no ano 6 ou 7 da era cristã. **Tanto a Bíblia como os Evangelhos contêm erros concernentes a datas, a tal ponto que revelam inconfiabilidade a muitos fatos que descrevem.**

Outros acontecimentos de importância são aqueles que se referem aos irmãos de Jesus, particularidade que, segundo muitos autores, a Igreja sempre encobriu em razão de seu interesse em proclamar o dogma da virgindade de Maria. Mas como poderia ser ou permanecer virgem uma mulher que, além de Jesus, teve mais uma meia dúzia de filhos, cujo filho mais importante foi Tiago, o justo, uma espécie de continuador das obras do irmão e que, por isso mesmo, foi executado pelo Sumo Sacerdote Ananias, no ano 62? Os irmãos e irmãs de Jesus aparecem em Mateus 12, 46-50; Mateus 13/55; Marcos 3/21; Lucas 8/19; João 7, 1/8 e Atos 1/14.[75]

O primeiro capítulo do livro de Antonio Piñero *O outro Jesus segundo os Evangelhos Apócrifos*)[76] relata que um menino lhe esbarrou nas costas. Por esse motivo Jesus, que na época tinha 5 anos, disse-lhe: *Não prosseguirás teu caminho!* Logo o menino caiu morto. Alguns que estavam presentes censuraram-no pelo comportamento irascível. Jesus, que pelo jeito não gostava de ser admoestado, castigou-os fazendo com que ficassem cegos. Os fatos causaram muita indignação. A revolta chegou ao conhecimento de José, que, acabrunhado, puxou a orelha de seu filho obrigando-o a ressuscitar o jovem. Não existem informações em relação aos feridos por cegueira.

Junte-se o fato de que a ampla maioria dos autores dos apócrifos conviveram com Jesus e eram seus seguidores. Foi deles a ideia de que

75 *Bíblia sagrada* – Paulinas – 9ª ed.

76 Editora Mercúrio.

Jesus era apenas um profeta e que em seu lugar prenderam Judas, que foi crucificado. Extraem-se dessas menções ilações importantes, que estão a exigir uma análise abrangente com a finalidade de confrontar com os fatos descritos nos evangelhos canônicos.

Não há nenhum exagero em se afirmar que os quatro evangelhos referem-se a acontecimentos caracterizadores de histórias repetitivas. Não são muitos os fatos desarmônicos. Alguns se referem a divergências em relação às datações históricas. Porém, sem nenhuma dúvida é viável afirmar que toda a sequência de episódios poderia fundir-se em uma única descrição. **Conclui-se, então, obviamente, que os evangelistas copiaram o Evangelho de São Mateus, derrapando, além disso, para divagações redundantes.**

O Evangelho de São Mateus foi escrito em língua hebraica entre os anos 42-48 da nossa era. Segundo os comentaristas, o Evangelho de São Marcos foi escrito, provavelmente em Roma, no ano 44. O de São Lucas, entre os anos 55-60, e, finalmente, o de São João, nos últimos anos do primeiro século. Em outras palavras, com suporte nessas presunções, não há como negar que eles foram reproduzidos por inspiração do Evangelho de Mateus.

De qualquer maneira, os cristãos acreditam que Deus foi o criador do universo e de todas as formas de vida que existem e que Jesus Cristo foi concebido por obra e graça do Espírito Santo para vir à terra sob forma humana. Portanto, existe um criador (o Pai), um Salvador (o Filho) e um Santificador (o Espírito Santo). Mas o cristianismo, apesar do monofisismo (que diz que existe somente a natureza divina em Jesus) e do arianismo (que afirma que Jesus não é Deus feito homem), adotou o conceito do Deus único, herança a toda evidência do judaísmo.

Três em um só existe na expressão mundana "cabelo, barba e bigode", ou então numa vitrola que contém rádio, toca-discos e toca-fitas. O cristianismo inventou, como suporte de suas invenções, um termo conhecido como "Unitrinidade".

16. DE JERUSALÉM PARA ROMA

Informam os evangelhos que multidões seguiam Jesus. Os povos da Judeia, de Tiro, de Sidônia, e todo povo procurava cercá-lo porque saía dele uma virtude que contagiava a todos. Jesus, montado num jumento, entrou triunfante em Jerusalém.

Muito embora houvesse uma unanimidade popular de apoio ao filho de Deus, essa particularidade não foi confirmada logo a seguir no processo da crucificação. Todo o povo exclamava a Pilatos a uma só voz dizendo: *faze morrer Jesus. Jesus não é nosso rei.* Como entender que em questão de horas a mesma multidão que o aplaudia optou pela crucificação? De nada adiantou Pilatos ter indagado: *Que mal ele fez?* Como acreditar na opção da libertação de Barrabás – o Bom Ladrão –, referido em dois evangelhos canônicos como sedicioso e assassino? São posturas que caracterizam despropósitos carentes de explicações razoáveis.

Embora Deus tivesse proclamado os dez mandamentos como regra de conduta humana, Jesus Cristo adotou o batismo como condição de abolir o pecado original e concluiu advertindo: *O que crer e for batizado será salvo; o que, porém, não crer será condenado.*[77] Então somos obrigados a indagar: quais as razões da ética e da moral invocadas por uma religião que atribuiu a toda a humanidade a "culpa" de um casal (que na opinião da ciência não existiu) por uma hipotética

77 Evangelho de São Marcos, capítulo 16, versículo 15.

desobediência praticada dois mil anos antes? Não existem respostas plausíveis para tamanho despautério.

Não parece totalmente correto concluir que a intenção de Jesus fosse criar uma nova religião. Ele era judeu e, ao se defrontar com os vendilhões mercadejando na frente do templo, vociferou: *Esta é a casa de meu pai, casa de oração, e vós fizestes dela um covil de ladrões.*

Os fatos subsequentes confirmam que foi seu irmão Tiago quem pregou a religião de Cristo na Palestina e São Paulo quem levou os evangelhos a Antioquia, Turquia, Grécia e, enfim, Roma.

Na verdade, Saulo de Tarso[78] foi inicialmente um impetuoso perseguidor dos cristãos. Para esse propósito solicitou ao príncipe dos sacerdotes de Jerusalém carta para as sinagogas de Damasco nela comunicando sua missão repressiva acrescida de poderes para prender homens e mulheres que tivessem adotado as mensagens do profeta.

Entretanto, ao aproximar-se da cidade, uma luz vinda do céu fê-lo cair da montaria, causando-lhe cegueira. Naquele momento uma voz disse: *Saulo, Saulo, por que me persegues?* Três dias após, um personagem em Damasco chamado Ananias impôs-lhe as mãos e o curou. Daí em diante Saulo pregou o cristianismo em toda a bacia mediterrânea até chegar em Roma, onde foi decapitado no reinado de Nero. Saulo de Tarso foi o mais importante pregador da Boa-Nova. Sua excepcional habilidade de persuasão transformou uma heresia bíblica na maior religião da humanidade.

Alguns historiadores referiram que o fato de São Paulo ser judeu e também cidadão romano facilitou o trânsito das revelações evangélicas a todos os povos não judeus do Império Romano. De clareza meridiana, as mensagens tinham por conteúdo a exaltação do humanismo libertário, acompanhada dos ensinamentos cristãos, e passaram a ter mais aceitação popular do que os rígidos princípios da ortodoxia judaica.

78 Saulo de Tarso e São Paulo são a mesma pessoa.

Não demorou muito tempo para que grupos de pessoas comuns, escravos, gente humilde e trabalhadores em geral fossem sensibilizados pelas pregações que proclamavam que todos eram iguais. Ocorre que o escravagismo imperava de modo absoluto no contexto social. Os novos conceitos afrontavam o sistema da época. Reprimi-los era o dever dos governantes.

Esse foi um período dos mais dolorosos para o proselitismo cristão, tendo como causa a implacável perseguição, não apenas pelo Império Romano mas também pelas religiões dominantes da época. Inobstante, as adversidades não foram duradoras. No ano de 313, Constantino permitiu o livre culto para os cristãos. Em 380, ao tempo de Teodósio II, o cristianismo foi oficializado como religião do Estado; como consequência, os oprimidos tornaram-se opressores.[79]

No século IV foi fundada em Roma a Igreja do cristianismo. No topo da pirâmide, destacava-se o Papa, chefe do clero e sucessor de São Pedro, particularidade que permitiu a concentração de poderes sob o comando de um órgão interno, mais tarde denominado de Cúria, que estendeu sua influência a todas as regiões conquistadas pelas Legiões Romanas. A Igreja, com sede em Roma, hierarquizou-se, instituindo o papado na metade do século IV, ocasião em que o imperador colocou o exército a serviço de Roma, criando assim o Estado Pontifical. O papado, privilegiado por participar dos rituais de comando, em pouco tempo tornou-se proprietário de um a dois terços das terras da Europa Central.

A união do novo clero com o Consulado Romano foi vital para que a *Pax* fosse mantida unitariamente nas regiões conquistadas, aliás, de acordo com os propósitos do Imperador Justiniano, que, remando em águas turvas, adotou como programa: **Um só Estado, uma só Lei e uma só Igreja.** Essa união entre a Igreja e o Estado atingiu patamares de convivência regrada por interesses comuns. Os Imperadores

79 Em 380, pelo Edito Tessalônico, o Imperador Teodósio proclamou o cristianismo como religião oficial do Império.

administravam os reinos por vontade e direito divino. Nas ocasiões em que assumiam o trono, eram coroados e abençoados pela Santa Madre. Vez ou outra, também excomungados.

Mais tarde um evento de natureza política gerou uma nova estrutura de governo denominada de absolutismo, cujo auge ocorreu entre os séculos XVI e XVIII. Sua característica principal era a concentração de poderes nas mãos dos reis. **L'État c'est moi**, afirmava o todo-poderoso Luís XIV – o Rei Sol –, Imperador da França.

Com o advento do Sistema Feudal, a Igreja se ruralizou. Os bispos e abades controlavam o sistema baseado na produção das glebas. Na época, era comum receberem doações da aristocracia. De acordo com o espírito de Justiniano, os interesses e os proveitos entre o absolutismo imperial e o centralismo religioso mantinham cumplicidade e reciprocidade comuns.

Naquele período, como hoje, os párocos dirigiam igrejas distritais abrangendo pequenas comunidades. As paróquias formavam dioceses dirigidas por bispos. Várias dioceses eram denominadas de arquidioceses, dirigidas por arcebispos.

As paróquias foram isentas de impostos, razão pela qual os representantes de Deus desistiram da crendice imaginária do aprazível gozo celestial, para dar preferência às proposições evangélicas envolvidas pelos interesses mundanos. Tal qual atualmente. A ostentação de riqueza da Idade Média está sendo magnificamente reproduzida pela ganância evangélico/pentecostalista acionada pela técnica da comunicação eletrônica, tudo conseguido pela manipulação dos crentes segundo as conveniências dos pregadores do absolutismo religioso moderno. Nada mudou. A acumulação da riqueza continua garantida.

Rousseau já afirmava que a hierarquia social é criação artificial estimulada pela democracia dos ricos para excluir e oprimir os pobres, deformando a natureza bondosa do ser humano.

No fim da Idade Média, o mundo estava impregnado por ideias libertárias, como, por exemplo: os direitos sociais, a liberdade de ir e vir, de ter profissões e de morar segundo a escolha de cada um etc. O catolicismo pressentia, no seu âmago, a possibilidade de rebeldia dos crentes já fartos de tanta corrupção, os desvios referentes aos mandamentos sagrados e o descumprimento dos princípios fundamentais da doutrina e da fé. Os fiéis tomaram consciência de que estavam sendo ludibriados pelo charlatanismo das indulgências plenárias, pela compra do perdão em favor de pecadores e criminosos e pelas negociatas das vendas de cadeiras no céu. Enquanto todas essas vigarices se desdobravam em múltiplos aspectos, os pobres continuavam pobres, ao mesmo tempo em que a Igreja e a aristocracia forravam-se do vil metal. Essa situação, que significava ultraje à dignidade humana, não poderia continuar. Como resultante, uma onda de abjuração começou a impactar o obscurantismo do mundo medieval.

O primeiro baque aconteceu com a tomadas de vastos impérios desde o Egito até a Índia, como decorrência das violentas investidas do Islã, estimuladas pelo determinismo religioso, sob o comando da Guerra Santa, denominada pelos batalhões assaltantes de Jihad. O cristianismo percebeu que começava a perder a tutela de sua religião pelo mundo afora.

Os assaltos, o roubo, o vandalismo e as mortes produzidas pelos cruzados em Constantinopla tornaram-se motivo mais do que suficiente para causar a ruptura promovida pela ortodoxia oriental contra a cristandade fiel a Roma. O cisma bizantino, ocorrido em 1054, determinou a perda do poder de Roma nos países da Europa Oriental, dando a entender que parte do cristianismo não estava mais disposta a submeter-se aos seus desmandos.

Novo petardo contra o catolicismo ocorreu com a publicação das 95 teses de Lutero, pregadas na porta da igreja de Württemberg. Um novo advento protestante denominado de Reforma surgia com todo o vigor evangélico contra as indulgências plenárias e demais formas de corrupção, que se alastravam pelas monarquias confederadas do sacro império.

Finalmente, a humanidade foi revivificada pelos efeitos do Renascimento na Itália e pelo Iluminismo na França. Uma onda de racionalismo animou a construção de uma sociedade mais justa e mais humana. A Revolução Francesa separou a Igreja do Estado. Por último, o catolicismo já bamboleante foi atingido por um canhonaço fatal desferido pelo Código Napoleônico, que submeteu as religiões aos ditames das leis civis. Era o fim da Igreja constitucional.

No Brasil a separação somente ocorreu com a Proclamação da República, em 15 de novembro de 1889.

Conforme Charles de Secondat, Barão de Montesquieu, as constituições dos Estados Modernos registram a existência de três poderes na formação do Estado de Direito: o Legislativo, o Executivo e o Judiciário. Porém, essa trindade se mantém inoperante em relação à democracia social e aos direitos populares. Apesar de todo esse avanço, a comunidade das nações está passando por um tremendo recuo cultural. Pior que o obscurantismo medieval, estamos literalmente destruindo as conquistas iluministas, pois grande parte da sociedade moderna está perdendo a consciência do desenvolvimento educacional, para retornar a uma situação de despotismo medieval. O filósofo italiano Domenico De Masi advertiu que estamos reduzindo a inteligência coletiva brasileira aos inaceitáveis degraus da pobreza intelectual. A verdade é que, quanto mais as nações proclamam a laicidade, mais uma atmosfera de obscurantismo vem tomando conta do mundo. As religiões vão se disseminando, vão se transformando e gerando milhares de seitas. Retornamos à Mesopotâmia dos tempos da astrologia, dos sortilégios, das superstições, dos horóscopos, das bruxarias, da terra plana, das cartomantes, dos charlatães, dos curandeiros, dos falsos profetas, dos milagreiros que invocam os deuses para operar curas que ninguém vê, enfim, dos pregadores das religiões radiofônicas, veiculadoras de falsidades. O conjunto desses defeitos comprova que, em curto prazo, o atual retrocesso não terá fim, não apenas por um comportamento humano doentio, mas, principalmente, por ter gerado o advento de um novo movimento ultradireitista com características fascistas. A degradação cultural é uma fatalidade e os desentendimentos familiares também. Tendo como causa a negação dos avanços da ciência, estamos revivendo a idade das trevas.

17. A MONTAGEM DO CRISTIANISMO

O cristianismo dos evangelhos não é o da Bíblia. O cristianismo de nossos dias não é nem o da Bíblia, nem o dos evangelhos. Os fundamentos e os princípios vieram se amoldando segundo as épocas e se transformando segundo as conveniências.

Essas circunstâncias comprovam que se as religiões não se adaptam aos câmbios sociais estão fadadas a perder o poder de atuação, com a consequente redução do número de fiéis. Como dedução se poderá concluir que, quando os púlpitos advertem os fiéis para se submeterem à doutrinação sob pena da danação eterna, uma parte expressiva entende que tais ameaças não passam de advertências inconsequentes.

Uma religião que depende da existência de um Deus deveria ser fiel àquilo que ele é. Porém, em não o conhecendo, recorre a montagens doutrinárias. Por essas razões, as religiões, ao se modificarem, afastam-se dos fundamentos de sua criação e do seu DNA originário. Mas, caso não se modifiquem, ficam sujeitas à extinção. Resumindo, o que é perfeito é imutável. As alterações significam que as bases criadoras foram imperfeitas, cujas inconsistências tornam Deus não mais que uma mera hipótese.

Os evangelhos, resolutos quanto ao local do nascimento de Jesus, quanto à determinação do recenseamento, quanto à visita dos Reis Magos, quanto à ordem de Herodes para matar todas as crianças até dois anos, inclusive com referência à fuga para o Egito, além de outros detalhes significativos, os evangelhos, repetindo, nunca mencionaram a data de seu nascimento. Haviam decorrido 320 anos para que a Igreja, já estabelecida em Roma, fixasse o dia de 25 de dezembro. Essa conclusão não passa de apropriação indébita da história de Mitra, que nascera nesse dia. **Está bem documentado que Mitra nasceu de uma virgem, no dia 25 de dezembro, numa gruta, que foi adorado por pastores e magos, foi perseguido, fez milagres, foi morto e ressuscitou no terceiro dia, com cultos e formas verbais idênticas às que foram adotadas pelo cristianismo.**[80]

Outro exemplo é o que diz respeito ao domingo, dia pagão por excelência. Também dedicado ao Deus Mitra. O imperador Constantino decretou que o domingo se convertesse em dia festivo e o fez como estratégia política para facilitar a cristianização do Império. Foi dessa maneira que o domingo passou a ser o dia de descanso, contrariando um dos mandamentos da Lei de Deus que prescrevia: trabalharás seis dias e santificarás o dia de sábado. **A Igreja passivamente aceitou. Constantino era mais poderoso que ela.**

Conclui-se então que alguns fatos de alta importância histórica para o cristianismo têm origem na adaptação de rituais teológicos provenientes de religiões antecedentes. As transformações que se seguiram dizem respeito à própria estrutura religiosa que ia se reconfigurando segundo suas necessidades e conveniências, de acordo com a exposição que segue.

1. Século IV - **Implantação do Papado.** Segundo a tradição, houve até o ano 300, aproximadamente, 30 papas, embora ainda não existisse a Igreja institucional.

2. No ano 381, o primeiro Concílio de Constantinopla proclamou formalmente a **Doutrina da Trindade.** Essa doutrina é uma verdadeira aberração lógica. No século IV, o Espírito Santo foi

80 A data do dia 25 coincide com a festividade romana dedicada ao nascimento do deus Sol. *Deo Soli invictus Mithrae.*

considerado pessoa distinta. Então, de que forma um trio pode ser considerado matematicamente ou substancialmente uma unidade? Para os cristãos que possuem conhecimento apostólico, o Espírito Santo não passa de uma nova versão do "Verbo Divino".

3. Em 1215 foi elaborada a **doutrina da transubstanciação**, que afirmou que o pão e o vinho da Eucaristia se transformam na carne e no sangue de Jesus Cristo. Dogma inaceitável para a ciência moderna e carente de explicação lógica face o atual estágio do conhecimento universal. A transubstanciação obriga os fiéis a crer que na Comunhão verdadeiramente comem o corpo e bebem o sangue de Jesus Cristo. Somente os padres comungam sob as duas espécies (pão e vinho).

4. O **purgatório foi adotado** no século XII. A partir de 1100, os parentes dos presuntivos pecadores poderiam libertá-los pagando suborno às prelazias. Os subornos eram denominados de indulgências. Os clérigos tornaram-se os novos vendilhões. Para os protestantes não existe o purgatório. Eles estão certos. Os que morrem somente serão julgados no dia do Juízo Final. Até lá qualquer proposição condenatória deverá ser considerada como heresia.

5. O **Corpus Christi** significa o corpo de Cristo. É uma festa religiosa do cristianismo que tem por objetivo celebrar o mistério da Eucaristia. Foi instituído pelo papa Urbano II no século XII ou XIII. Agora, na época do catolicismo, não passa de uma procissão inspiradora de feriado.

6. A confissão foi instituída no início da Idade Média. Esse sacramento significa uma brutal violação do princípio que garante a intimidade das pessoas, além de se constituir na suprema degradação da personalidade dos crentes. O objetivo da Igreja foi o de saber como manipular a mente dos fiéis. Com esses problemas todos, somados à pedofilia e a outras condutas inapropriadas, não é difícil saber quem dos dois – confessor ou confessado – é o maior pecador.

Feito esse registro, impossível deixar de acrescentar alguns detalhes que não podem ser excluídos da narrativa. A Bíblia diz que nada do que acontece escapa ao conhecimento de Deus, pois ele é o soberano que governa o Universo. Igualmente relatou várias vezes que os mortos serão julgados segundo suas obras.[81] Por último, também descreve que no dia do Juízo Final Jesus voltará para apartar os justos dos pecadores. Os primeiros serão abençoados e levados ao céu. Os infratores serão condenados às chamas infernais de um martírio infinito. (Na verdade, a ineficácia, a farsa e a boçalidade da confissão é que são infinitas.)

Definitivamente, não existem duas conclusões. Se somente no dia do Juízo final todos serão julgados, então, que importância pode ter e qual a confiabilidade de uma antecipada confissão ou absolvição? **Qual a utilidade de uma hipócrita invenção do papado dos tempos da Idade Média?**

Concluindo, a confissão não passa de um desperdício, e a absolvição, de uma despudorada trapaça, pior ainda, tipifica uma verdadeira fraude com base no fato de que o capucho que absolve não tem nenhuma credencial para substituir o filho de Deus nos afazeres do dia do Juízo Final. Conclusão implícita: Jesus Cristo morreu por nada.

De qualquer maneira, no atual estágio da civilização, a confissão é de tal modo ultrajante que deveria ser considerada uma humilhação e os confessores responsabilizados por assédio moral.

7. 1852. **Proclamação do dogma da Imaculada Concepção.** Conforme um dos evangelhos não canônicos, seria interessante fazer contato com o soldado romano chamado de Tiberius Pantera para ouvir o que ele diria a respeito desse dogma. **Pantera foi mencionado em inúmeros textos judaicos como possível candidato à paternidade de Jesus.**

As tergiversações sobre esse tema alcançam hipóteses estapafúrdias.

Mateus registra que Maria foi fecundada por obra e graça do Espírito Santo antes de coabitar com José. Marcos silencia quanto ao

81 Apocalipse – 20/12.

fato da concepção, mas menciona que Jesus tinha mãe e irmãos. São Lucas é mais sucinto ao dizer que *o Espírito Santo descerá sobre ti e a virtude do Altíssimo te cobrirá com sua sombra*. E, por isso mesmo, *o Santo, que há de nascer de ti, será chamado Filho de Deus*.

São João, no capítulo denominado "Encarnação e seus frutos", menciona: "E [para isso] o Verbo se fez carne e habitou entre nós; e nós vimos na glória como Unigênito do Pai, cheio de graça e verdade". A conclusão é que Maria tinha filhos e depois teve Jesus, ou teve Jesus e depois os filhos. De qualquer maneira, o termo "virgem" perderia o significado.

8. 1870. No primeiro Concílio Vaticano, **foi proclamado o dogma da infalibilidade papal**. Essa proclamação significa um ultraje à consciência cívica dos cidadãos. Promover guerras, ordenar as Cruzadas, instituir a Inquisição, prestar solidariedade aos sanguinários ditadores nazifascistas, abafar a pedofilia, somado a centenas de decisões contrárias ao natural desejo humano. Poderão os papas, mesmo quando se pronunciam *ex cathedra*, serem considerados infalíveis?

9. 1950. **Dogma da Assunção.** Em 1950, Eugenio Pacelli (Pio XII – "o Papa de Hitler"), sob estrondosos aplausos de um milhão de pessoas, anunciou na Praça de São Pedro que Maria ascendeu em corpo e alma para o gozo e glória celestiais. Ele esqueceu que o corpo de Maria havia sido colocado num ataúde? A Igreja levou 1.950 anos para proclamar a viagem espacial. Poderiam os papas nos esclarecer como ela foi conservada, qual o tipo de nave que a conduziu e onde se situa esse tal de céu? E a alma, por onde andou esse tempo todo?

Em relação ao batismo e à eucaristia, foram sacramentos instituídos por Cristo. Quanto à crisma, à unção aos enfermos, à penitência, à ordenação, ao matrimônio e à confissão, foram instituídos pela Igreja com base na faculdade incidente na administração das questões que dizem respeito aos encargos teológicos.

Segundo consta na história dos conclaves, o celibato foi adotado pelo Concílio de Arles no século IV e imposto pelo Concílio de Trento no século XVI.

Jacopo Fo, filósofo e escritor, natural de Perugia, autor de várias obras sobre religiões, paz e cristianismo, em conjunto com Sergio Tomat e Laura Malucelli, escreveu um livro denominado *O livro negro do cristianismo – dois mil anos de crimes em nome de Deus*, no qual revela que ao longo da história papas, cardeais e sacerdotes, como de hábito, tiveram amantes, concubinas, filhos, companheiros e conclui dizendo: o único comportamento que vai contra a Igreja é o celibato.

Evidente que, no atual estágio civilizatório, o celibato pode ser definido como uma anormalidade biológica. Como pode alguém renunciar à intensidade do mais implacável dos desejos humanos? Nós somos o resultado desse instinto vital. E quanto mais amor existe nele, mais poderoso se torna. A sexualidade gera a vida. Sem ela nós não existiríamos. Nada contra os homossexuais, mas a verdade é que a Igreja, escondida na sombra das ruidosas manifestações homofóbicas, esquece o mandamento preferindo envolver-se com as relações homossexuais. Na alternativa entre o êxtase e a abstinência, o impulso erótico é o vencedor. Na atualidade existe no seio do catolicismo uma irresistível tendência à pedofilia. Milhares de casos de abusos são denunciados pela mídia diariamente. A opinião pública perplexa toma conhecimento de que a Igreja não apenas não pune, pior ainda, nega e acoberta esses fatos ultrajantes de indignidade para qualquer Igreja e para qualquer religião. **Por essa razão, induvidosamente, Santa Madre é a instituição religiosa que mais mente no mundo. Logo depois vêm os militares em relação à democracia e a seguir o centrão em matéria de dignidade política.**

O papa Bento XVI renunciou quando se deu conta de que não tinha forças para impor à Cúria, tão poderosamente asquerosa e dissimuladamente perversa, o dever de punir a bárbara delinquência que se esconde dentro dos armários do Vaticano.[82]

Informa a tradição histórica que a Igreja instituiu o celibato para evitar a partilha de bens com filhos de papas, bispos e clero em geral.

82 Se alguém imaginar que o autor esteja delirando, que leia o best-seller do *The New York Times*, *No armário do Vaticano*, de autoria de Frédéric Martel.

Pelo sim, pelo não, não existem alternativas. A Igreja tem que rever essa questão para torná-la uma opção pessoal. O clero protestante e o ortodoxo extinguiram essa insanidade que impacta o erotismo normal das criaturas.

Esclareça-se, igualmente, que a denominação "Pecado Original" é criação de Santo Agostinho. Mais uma montagem de uma questão fundamental da doutrina católica, claramente usada para causar temor aos crentes, dada a possibilidade de condenação ao castigo eterno, caso não viessem a ser batizados.

Quanto à narrativa do pecado do paraíso, não podemos esquecer que Deus, protagonista exclusivo da criação e responsável direto pela desobediência de Eva, não vacilou: **transferiu sua culpa para o filho** e o enviou para libertar a humanidade da punição eterna, sabendo previamente que Ele seria torturado e condenado à morte pelo doloroso suplício da crucificação. A conclusão não poderá ser outra: Deus não passa de uma entidade paradoxal, incogitável, delirante, desmiolada e, seguramente, sem princípios.

Esta é uma resumida história da montagem do cristianismo e este capítulo foi escrito para que se tenha uma ideia real da sucessão de ordenações injustas que ainda persistem nas quatro paredes das antessalas do papado.

Evidente que, quanto mais dogmas, quanto mais mandamentos, quanto mais sacramentos, quanto mais prescrições, quanto mais regras, o respeito e a obediência ficam com menos adeptos. Nesse setor não é a quantidade de normas que conduz o homem a ser fiel cumpridor de seus ensinamentos. Os dogmas e os ritos não provêm de Deus, são obra humana, tanto quanto as heresias. **A abundância de preceitos é proporcional à falsidade das religiões.**

Do ceticismo nasce a heresia. Com o tempo, deriva para apostasia e, finalmente, a descrença faz brotar a lucidez, como resultante do pleno desenvolvimento da conscientização, terminando por induzir os pensadores à descrença.

18. OS NOVOS VENDILHÕES

Estabeleça-se desde logo uma grande diferença. Jesus Cristo expulsou os vendilhões que estavam negociando camelos, bois e aves no átrio do templo. Mais tarde, o cristianismo passou a usar a religião para vender favores, indulgências, bênçãos e cargos eclesiásticos em troca de dinheiro. A igreja renunciou o caminho apostólico para investir em negociatas e enriquecer seus prelados. Embora o cristianismo tenha se pulverizado em centenas de ramificações, o restolho residual mantém, por interesses não teológicos, as traficâncias dos tempos medievais.

Esses fatos assombram as religiões levando perplexidade aos próprios deuses por comprovarem a verdade inabalável de que os cultos desistiram de uma improvável felicidade num hipotético paraíso para optar pelas benesses facilmente conquistáveis na querência dos crentes. Não existem religiões que não se mantenham pelos recursos obtidos pelo sistema de exploração.

Na Idade Média a Igreja era muito rica. A venda de cargos eclesiásticos significava enorme fonte de renda para o papado. O Bórgia conhecido como papa Alexandre VI, já vivendo no seio de uma vida promíscua, elegeu-se comprando praticamente todos os votos do conclave, para após prosseguir numa vida de completa devassidão, inclusive promovendo e participando de orgias sexuais.

Naquele tempo, a Igreja já estava completamente degenerada. Cardeais, abades, bispos, padres e monges mantinham concubinas e embolsavam imensas quantias oriundas da prática da simonia e da venda de ofícios e atos da Santa Sé.[83] Arrecadavam, sob ameaças de castigos infernais, volumosas quantidades de riquezas. Onde houvesse dinheiro, a Igreja oportunista se fazia presente para exigir a parte que lhe cabia. Tudo justificado pelas ordenanças do livro sagrado, instituidor do dízimo.

No mesmo período surgiram as vendas das indulgências e a veneração pelas relíquias, claro, santificadas pelos representantes de Deus. Enquanto houver comunidades ingênuas, carentes de compreensões e sem conhecimento suficiente para se dar conta das trampolinagens clericais, esses trambiques permanecerão até o final dos tempos.

As igrejas venderam pedaços da cruz, cabelos da Santa Úrsula, mortalha de São José, barba de São Tiago, lágrimas da virgem e bugigangas variadas. Até hoje, os tolos fiéis seguem acreditando em curas milagrosas e em objetos que dizem possuir propriedades miraculosas. As pessoas das áreas rurais sempre foram as maiores vítimas das traficâncias. Constituía-se em tarefa fácil convencê-las de que as lascas de madeira eram verdadeiramente fragmentos da cruz de Cristo. Quem duvidaria? Os monges falavam como representantes de Deus e, por obviedade, não estariam mentindo.

Se amontoássemos toda a madeira vendida como lenho do gólgota, daria para alimentar todas as fogueiras da Inquisição e, se represássemos todas as águas milagrosas, poderíamos encher algumas piscinas olímpicas. Os mascates comerciavam até tíbias do jumento montado por Jesus.

Outro grande negócio da Igreja Imperial era a venda de indulgências. No livro já citado, Jacopo Fo afirmou que se poderia pagar pela

83 Conforme James Haught – *Perseguições Religiosas* – Ediouro.

remissão total dos pecados. Para essa finalidade, grupos de mercadores ambulantes percorriam a Europa vendendo indulgências para crimes de qualquer natureza, inclusive para compras de cadeiras no céu.

Em 1517 foi divulgada a lista das indulgências em número de 35, conforme a relação a seguir:

1. O eclesiástico que incorrer em pecado carnal, seja com freiras, primas, sobrinhas, afilhadas ou, enfim, com outra mulher qualquer, será absolvido mediante o pagamento de 67 libras e 12 soldos.

2. Se o eclesiástico, além do pecado de fornicação, pedir para ser absolvido do pecado contra a natureza ou de bestialidade, deverá pagar 219 libras e 15 soldos. Mas, se tiver cometido pecado contra a natureza com crianças ou animais, e não com uma mulher, pagará apenas 131 libras e15 soldos.

3. O sacerdote que deflorar uma virgem pagará 2 libras e 8 soldos.

4. A religiosa que quiser ser abadessa após ter se entregado a um ou mais homens simultânea ou sucessivamente, dentro ou fora do convento, pagará 131 libras e15 soldos.

5. Os sacerdotes que quiserem viver em concubinato com seus parentes pagarão 76 libras e 1 soldo.

6. Para cada pecado de luxúria cometido por um leigo, a absolvição custará 27 libras e um soldo.

7. A mulher adúltera que pedir a absolvição para se ver livre de qualquer processo e ser dispensada para continuar com a relação ilícita pagará ao papa 87 libras e 3 soldos. Em um caso análogo, o marido pagará o mesmo montante; se tiverem cometido incesto com o próprio filho, acrescentar-se-ão 6 libras pela consciência.

8. A absolvição e a certeza de não ser perseguido por crime de roubo, furto ou incêndio custarão ao culpado 131 libras e 7 soldos.

9. A absolvição de homicídio simples cometido contra a pessoa de um leigo custará 15 libras e 3 denários.

10. Se o assassino tiver matado dois ou mais homens em um único dia, pagará como se tivesse assassinado um só.

11. O marido que infligir maus-tratos à mulher pagará às caixas da chancelaria 3 libras e 4 soldos, se a mulher for morta, pagará 17 libras e 15 soldos e, se a tiver matado para se casar com outra, pagará mais 32 libras e 9 soldos. Quem tiver ajudado o marido a perpetrar o crime será absolvido mediante o pagamento de 2 libras por cabeça.

12. Quem afogar o próprio filho pagará 17 libras e 15 soldos (ou seja, 2 libras a mais que aquele que matar um desconhecido), e, se pai e mãe o tiverem matado de comum acordo, pagarão 27 livras e 1 soldo pela absolvição.

13. A mulher que destruir o filho que carrega no ventre e o pai que contribuir para a realização do crime pagarão 17 libras e 15 soldos cada. Aquele que facilitar o aborto de uma criatura que não for seu filho pagará 1 libra a menos.

14. Pelo assassinato de um irmão, uma irmã, mãe ou pai, pagarão 17 libras e 5 soldos.

15. Aquele que matar um bispo ou prelado de hierarquia superior pagará 131 libras, 14 soldos e 6 denários.

16. Se o assassino tiver matado mais sacerdotes em várias ocasiões, pagará 137 libras e 6 soldos pelo primeiro homicídio e a metade pelos seguintes.

17. O bispo ou abade que cometer homicídio por emboscada, acidente ou estado de necessidade pagará, para conseguir a absolvição, 179 libras e14 soldos.

18. Aquele que quiser comprar antecipadamente qualquer homicídio acidental que possa vir a cometer no futuro pagará 168 libras e 15 soldos.

19. O herege que se converter pagará pela absolvição 269 libras. O filho do herege que tiver sido queimado, enforcado ou executado de qualquer outra forma poderá ser readmitido apenas mediante o pagamento de 218 libras, 16 soldos e 9 denários.

20. O eclesiástico que, não podendo pagar os próprios débitos, quiser se livrar de ser processado pelos credores entregará ao pontífice 17 libras e3 denários e a dívida lhe será perdoada.

21. Será concedida a licença para a instalação de postos de venda de vários gêneros sob os pórticos das igrejas mediante o pagamento de 45 libras, 19 soldos e 3 denários.

22. O delito de contrabando e fraude aos direitos do príncipe custará 87 libras e 3 denários.

23. A cidade que quiser que seus habitantes ou sacerdotes, reis ou monjas obtenham licença para comer carne e laticínio em épocas em que é proibido pagará 781 libras e 10 soldos.

24. O mosteiro que quiser variar a regra e viver com menos abstinência do que a prescrita pagará 146 libras e 5 soldos.

25. O frade que, por conveniência própria ou gosto, quiser passar a vida em um eremitério com uma mulher dará ao tesouro pontifício 45 libras e 19 soldos.

26. O apóstata vagando que quiser viver sem obstáculos pagará igual quantia pela absolvição.

27. Igual montante pagarão os religiosos, sejam eles seculares ou regulares, que queiram viajar em trajes de leigo.

28. O filho bastardo de um sacerdote que queira preferência para suceder o pai na cúria pagará 27 libras e 1 soldo.

29. O bastardo que queira receber ordens sagradas e gozar de seus benefícios pagará 15 libras, 18 soldos e 6 denários.

30. O filho de pai desconhecido que queira entrar para as ordens pagará ao tesouro pontifício 27 libras e 1 soldo.

31. Os leigos feios ou deformados que queiram receber ordenamentos sagrados e ter benefícios pagarão à chancelaria apostólica 58 libras e 2 soldos.

32. Igual quantia pagará o vesgo do olho direito, enquanto o vesgo do olho esquerdo pagará ao papa 10 libras e 7 soldos. Os estrábicos bilaterais pagarão 49 libras e 3 soldos.

33. Os eunucos que queiram entrar para as ordens pagarão a quantia de 310 libras e 15 soldos.

34. Aquele que queira comprar um ou muitos benefícios se dirigirá aos tesoureiros do papa, que lhe venderão os direitos a preços módicos.

35. Aquele que, tendo descumprido um juramento, queira evitar qualquer perseguição e se livrar de qualquer tipo de infâmia pagará ao papa 131 libras e 15 soldos. Além disso, dará 3 libras para cada um que ouviu o juramento.[84]

Da Idade Média até nossos dias, alguns séculos se passaram. Todavia, as orgias financeiras se tornaram cada vez mais ativas. O velho catolicismo "cansado de guerra" vem sendo vergastado pelo modernismo radiofônico das seitas pentecostalistas. O sistema de exploração continua, sem a necessidade do uso de métodos de dissimulação. Os proprietários das novas Igrejas pregam em nome dos deuses seduzindo a boa vontade dos incautos e conquistando-lhes a confiança através de propaganda enganosa. Nuvens de atmosfera medieval penetram no âmago das pessoas que, seduzidas pelas promessas de riqueza, de melhoria de vida, de aquisição de bens e principalmente de curas para toda espécie de doenças, se comovem diante da astúcia dos pastores eletrônicos que, usando uma sutil lábia estelionatária, acabam recheando bolsas e sacos de dinheiro nos locais dos cultos, principalmente em estádios de futebol, onde se abriga maior número de crentes. Claro, os deuses invocados estão sempre presentes para abençoar os bem-aventurados doadores.

Com a Vulgata de São Jerônimo e a tradução da Bíblia por Lutero, qualquer pessoa poderia se transformar em intérprete da palavra de Deus. A Reforma Protestante deu azo à livre interpretação das escrituras. O cristianismo fracionou-se em 40 novas religiões. Um número sem fim de seitas deu origem a uma multidão de pastores

84 Jacopo Fo – obra citada.

manhosamente loquazes para conseguir a única coisa que realmente interessa: dinheiro fácil.

Com base no messianismo bíblico e no neopentecostalismo evangélico, foram abertas milhares de agências, melhor dizendo, franquias. A voracidade pentecostalista transformou seus templos em armazéns de negociatas. Hoje, as pregações se fundamentam na Teologia da Prosperidade, possivelmente, como paródia, para contrapor à saudosa Teologia da Libertação. Alguém disse: *Hoje tem padres espetaculosos e Igrejas eletrônicas, alguns já viraram "estrelas" de programas de TV.*[85] As pentecostais arrecadaram no Brasil, em 2011, 20 bilhões, segundo informações da Receita Federal mencionadas pela *Folha de S.Paulo*. Todavia, o informativo *Intercept Brasil* informou que a Igreja Universal embolsou, entre 2011 e 2015, R$ 33 bilhões, apenas com depósitos bancários que, nem de longe, são a sua principal fonte de captação de renda.

Inconformado, o pastor Abner Ferreira, da Assembleia de Deus, enfatizou: *Homem de Deus não aceita dinheiro sujo.*[86]

Enquanto na França as igrejas vão perdendo fiéis com quedas nas arrecadações, enquanto na Alemanha igrejas são vendidas ou fechadas por falta de devotos, no Brasil, a cada hora nasce uma nova instituição religiosa.[87] De acordo com a Receita Federal, entre janeiro e fevereiro de 2017, foram abertas 67,9 mil entidades. A Universal, por questões de segurança em relação à manutenção e lucro das unidades, somente autorizava a abertura de franquias desde que houvesse garantia de arrecadação em torno de R$ 150 mil, se não estou equivocado, por mês. Quantia que diminuiu para R$ 50 mil, pelo fato de ter surgido no cenário, como concorrente, a Igreja Mundial do Poder de Deus, fundada pelo vigário (o duplo entendimento é aceitável) Valdemiro Santiago, ex-pastor da igreja do Bispo.

85 Jornal *Zero Hora*. Porto Alegre.

86 *Folha* – 22.08.2015.

87 Jornal *Zero Hora*. Porto Alegre.

Edir Macedo, chefe da Igreja Universal do Reino de Deus, convocava seus pastores para ensiná-los como tomar dinheiro mais facilmente: *Você nunca pode ter vergonha nem timidez. Peça! Peça! Quem quiser, dá. Tem que ser no peito e na raça. Bota pra quebrar.*

No Brasil, na Europa ou na África, a Universal lucra, conforme registro da imprensa, ao redor de US$ 7 mil em um dia de três sessões. Inspirados em preceito bíblico, seus pregadores suplicam: *Se puder dar US$ 10, não dê US$ 5; se puder dar US$ 100, não dê US$ 50.* Apenas em Portugal, onde tem 52 templos, três emissoras de rádio e um partido político, o "Partido da Gente", ela gasta milhões em propaganda comercial. O bispo Edir espalhou a Universal em 39 países. No Brasil ele é dono da TV Record de São Paulo, de um jornal semanal e, no Rio Grande do Sul, de um jornal diário, o *Correio do Povo*, da Rádio e da TV Guaíba e de mais de 30 rádios em outras unidades da Federação.

Está mais do que provado que a maioria absoluta dos pastores pentecostalistas apropriam-se dos recursos de suas igrejas para construir fortunas pessoais. Essa nova versão do mercenarismo pode ser denominada de **Teologia da Prosperidade**.

De que forma Edir Macedo poderia comprar dezenas de jornais, empresas radiofônicas e televisivas, percebendo, como salário, apenas a importância de R$ 8.289,60 mensais, conforme denúncia de um deputado federal antes de ele refugiar-se nos Estados Unidos em 2003?[88]

Edir Macedo foi também acusado de forjar documentos para transferir a TV Vale do Itajaí, do ex-pastor Honorildo Gonçalves, seu braço direito.[89] Ele e os demais donos de outras pentecostais se tornaram verdadeiros magnatas. A revista norte-americana *Forbes* publicou a lista dos pastores evangélicos mais ricos do país. No topo figura o

88 A denúncia foi formulada pelo deputado Afanásio Jazadgi. A informação foi colhida junto à Receita Federal.

89 Conforme a revista *Veja*, de 26.09.2012.

bispo Edir Macedo, com riqueza avaliada em US$ 950 milhões, correspondente, na época, a R$ 1,9 bilhão.[90] O jornal gaúcho *O Sul* informou no mesmo ano que o Bispo possuía uma fortuna de US$ 1,1 bilhão. No mundo apenas 1.268 pessoas eram mais ricas que ele.

A listagem segue com Valdemiro Santiago, chefe da Igreja Mundial do Poder de Deus, com US$ 450 milhões; Silas Malafaia (Assembleia de Deus Vitória em Cristo), com US$ 150 milhões; RR Soares (Igreja Internacional da Graça de Deus), com US$ 125 milhões; e, enfim, o casal Estevam e Sônia Fernandes (Renovação em Cristo), com US$ 15 milhões. Malafaia acusou a reportagem de "safadeza". Os demais silenciaram.

Recentemente o líder da Igreja Mundial do Poder de Deus (Valdemiro Santiago) declarou em um vídeo que circulou nas redes sociais o seguinte: "No mês de dezembro, você não vai devolver só o de Deus, os 10%. Você vai dar 20% do seu, você vai ser fiel. Você vai tirar 30%". Ele estava estabelecendo a ideia absurda do "Tridízimo". Paralelamente, em fins de fevereiro de 2023, a *Veja* publicou uma matéria sob o título "O Inferno do Pastor", que descreveu os rolos do apóstolo, proprietário de um prédio de 18 mil metros quadrados, seis mil templos espalhados pelo Brasil e em vinte países, um verdadeiro império religioso que agora está praticamente falido em virtude de dívidas de milhões referentes ao IPTU, R$ 359 mil em aluguéis vencidos, R$ 13,4 milhões à Fazenda Nacional, além da falta de pagamento de salários, 13º e férias aos responsáveis pelo santo ministério.

A *Veja* sublinhou que ele pediu aos fiéis que se unissem para doar R$ 10 milhões. "Valdemiro espera por um milagre, desta vez, para se salvar de um naufrágio financeiro", concluiu a revista. Os não devotos estão fazendo votos para que esses rolos se reproduzam nas demais seitas movidas pelo mesmo tipo de cambalacho, de charlatanice, de impostura, de contos do vigário, de patranhas, de mutretas etc.

---

90 *Folha de S.Paulo* – 19.01.2013.

Embora haja exceções, a abertura de igrejas e templos (ou franquias) se reverte num negócio milagroso.[91] Nada foi descoberto no mundo ocidental que pudesse enriquecer qualquer pessoa em tão curto espaço de tempo. Praticamente, todos esses luminares pastores residem em espetaculosas mansões nos locais mais aprazíveis dos Estado Unidos.

Apesar dessas fortunas, não consta que algum dos doadores tenha enriquecido, como eles afiançavam, antes da colheita. A pobreza dos trouxas financia a riqueza dos safados. Tudo em nome de Deus. Segundo os evangelhos, o Deus que eles usam nasceu numa estrebaria, conviveu com pobres, expulsou os vendilhões do templo e, pelo perigo que representava ao Sinédrio e ao Governador romano – pois dizia-se que havia nascido um rei –, morreu pregado numa cruz para salvar a humanidade.

Os pastores de hoje, supostos apóstolos das mensagens do Salvador, exibem cruzes nas mãos e nos peitos, contagiados de felicidades por viverem mais confortáveis que os imperadores do tempo de Cristo. Quanto aos crentes, eles se satisfazem com o corpo e o sangue do Salvador, ao mesmo tempo em que os papas da nova era se embebedam em seus palacetes com Dom Pérignon e se empanturram com lagostas e outras substâncias não divinas.[92]

A Legião da Boa Vontade deve milhões ao INSS. Imagina-se que a dívida, cujo credor no final é o povo, tenha sido perdoada ou prescreveu. Mesmo assim, a seita gastou só com publicidade R$ 3,4 milhões. Seus pastores estão ricos. Só no norte do Mato Grosso são donos de 39.550 hectares. Não faz muito tempo que os brasileiros depositaram na conta da Legião R$ 215 milhões. Essas informações têm, no mínimo, dez anos.

---

91 É o único milagre das pentecostais que verdadeiramente pode ser comprovado.

92 Esse registro corre por conta do autor, que tem todo o direito de imaginar como é a vida na opulência, apesar de saber que é mais fácil um camelo passar pelo buraco de uma agulha do que esses mercenários entrarem para o reino dos céus.

Por sua vez, a Igreja L. M. Moon é uma verdadeira multinacional, com o nome de Associação para a Unificação do Cristianismo Mundial, cuja renda anual passava de US$ 700 milhões. Na Coreia, era dona de uma fábrica de armas e, no Uruguai, de um banco e do Hotel Victoria Plaza, que hoje foi transformado em cassino.

"O moonismo é, na realidade, um organismo nauseabundo e malcheiroso, uma espécie de CIA religiosa, que apoiou Reagan e depois financiou golpes contra governos populares, como aquele que derrubou Hernán Siles Zuazo, em 1980, na Bolívia, levando ao poder o General Luis García Meza, acusado de ligações com o narcotráfico; proclamou que o General Stroessner foi 'especialmente escolhido por Deus para dirigir o Paraguai' e Pinochet como 'pilar da luta contra o comunismo internacional'. O reverendo Moon apoiou também Ríos Montt na Guatemala e Alvarez em Honduras. O polvo da Unificação estendeu seus tentáculos até o Pantanal brasileiro, onde é proprietário de mais de uma dezena de fazendas, além de propriedades nos Estados Unidos e outros países."[93]

O reverendo Moon, em maio de 2001, inaugurou, em Montevidéu, a sede continental da Igreja da Unificação, com a presença de um ex-presidente, Julio Sanguinetti, e o presidente Jorge Batlle. Estas Igrejas, como se constata, ultrapassaram suas circunscrições paroquiais para atingir o estágio do monetarismo universalizante. **Para os políticos, todas as religiões são válidas. O símbolo totêmico deles é o voto.**[94]

Além das pentecostais já citadas, existem no Brasil centenas de variedades delas, como, por exemplo: a Igreja Evangélica Pentecostal Deus é Amor, a Igreja Pentecostal Nova Vida, a Assembleia de Deus dos Últimos Dias, a Igreja Evangélica Pentecostal o Brasil para Cristo e uma infinidade de outras.

---

93 Conforme Omar Ferri: *Razão x Religião.*

94 Idem.

A imprensa publicou que o pastor Clóvis Ribeiro, que pregava moralidade ao rebanho de fiéis, era, na verdade, foragido da polícia paulista, onde era conhecido como barão do tráfico. Foi preso numa confortável cobertura em Gramado, uma das mais belas cidades turísticas do Brasil.[95]

Perguntaram ao padre Fábio de Melo como ele poderia ter certeza de que Deus existe. Ele respondeu: **"Se tivesse certeza, não precisaria ter fé"**. E continuou: *Conheço muitos ateus que agem como se tivessem Deus no coração. No fim é isso o que Ele quer.*[96]

E, para concluir, também perguntaram um dia a Diderot se havia ateus verdadeiros e ele respondeu: "Você acredita que existem cristãos verdadeiros?"

95 *ZH* – dezembro de 2012.

96 ZH – 14/15 de maio de 2022 – entrevistado por Paulo Germano.

19. A MATANÇA CONTINUA – EPISÓDIO I

A história das religiões não é a ensinada em nossos dias. Como disse Gasset, ela é a história de ontem mais as suas circunstâncias.[97]

A história do Povo de Deus alcançou seu ponto culminante nas guerras contra o império faraônico e nas batalhas contra reinos da região até chegar à terra de Canaã, onde corria leite e mel. As conquistas das cidades que a Bíblia relata com exaltações heroicas não passaram de combates impiedosos em que os batalhões hebreus eliminavam toda vida que encontravam, até crianças e animais. Após os confrontos, louvores vindos do Comando Supremo aplaudiam as chacinas. Segundo o Gênesis, capítulo 6, versículo 5, Deus *arrependeu-se de ter feito o homem sobre a terra*, e continuou: *Exterminarei da face da terra o homem que criei*, e enviou o dilúvio. Só sobrou a família de Noé. Somente uma família? Esse fato comprova sua incompetência por ter criado seres pecaminosos, a começar por Adão, Eva e Caim. Algum tempo depois, com exceção da família de Noé, afogou toda a humanidade, porque ela era fornicadora. Esqueceu-se de que ele foi, igualmente, responsável pela criação das imperfeições humanas.

---

97 José Ortega y Gasset – escritor e filósofo espanhol. Foi o autor do livro *A rebelião das massas*.

Mais tarde fez chover enxofre e fogo sobre Sodoma e Gomorra. Além das desgraças das dez pragas, Deus permitiu o reencontro das águas do Mar Vermelho para exterminar o exército do Faraó. O rei não tinha nenhuma culpa. Foi Deus quem endureceu seu coração.

Após dar as Tábuas da Lei a Moisés, Deus disse: *Levanta-te e desce depressa porque o teu povo, que tu tiraste do Egito, prontamente abandonou o caminho que lhe mostraste.* Os hebreus haviam adorado a imagem de um bezerro de ouro. Ofendido pela apostasia, Deus ordenou: *Este povo é de cerviz dura, deixa que eu o destrua: cada um cinja sua espada ao seu lado; passai e tornai a passar de porta em porta através dos acampamentos, e cada qual mate o seu irmão e o seu amigo e o seu vizinho.* ***E os filhos de Levi fizeram o que Moisés tinha ordenado, e cerca de vinte e três mil homens caíram [mortos] naquele dia. E Moisés disse-lhes: consagrastes as vossas mãos ao Senhor, cada um em seu filho e em seu irmão, para vos ser dada a bênção.***[98]

Na marcha em direção a Canaã, o Todo-Poderoso disse: *Matai todos os varões e degolai as mulheres, mas reservai para vós as donzelas e todas as mulheres virgens.*[99] Segundo se constata, Deus, na condição de alcoviteiro, resolveu aderir ao êxtase libidinoso. Também se manifestou em relação à idolatria: *Derrubai seus altares, quebrai suas estátuas, ponde fogo em seus bosques e fazei em pedaços seus ídolos.*[100] Os fundamentalistas talibãs copiaram-no, literalmente.

A seguir os madianitas foram as vítimas da vez. Os guerreiros de Moisés saquearam tudo o que tinha valor. Na tomada da cidade de Jericó, fato já citado, nada sobrou. Mataram tudo o que nela havia. E foi assim que o exército hebreu foi conquistando cidade por cidade. Em Azor, passaram à espada seu rei e toda a população. Em Bezec mataram dez mil homens. Siquém foi destruída por Abimelec, que também matou seus habitantes. **Um anjo do Senhor numa noite, no**

98 Deuteronômio, capítulo 9, versículos 11/13.

99 Números, capítulo 1, versículo 44.

100 Números – 31/17.

campo dos Assírios, matou cento e oitenta e cinco mil homens.[101] Não nos esqueçamos de Sansão, o matador de mil filisteus com uma queixada de jumento.

Esse é um rápido resumo sobre os episódios ocorridos. São relatos bíblicos. São palavras de Deus. **Então teríamos que concluir que um Deus que manda matar é um Deus que usa a própria crueldade como modelo de desumanidade.**

As pessoas têm todo o direito de não concordar com essas atrevidas recriminações, porém, para piorar, dentre as dezenas de vezes que Deus ordenou o cometimento de assassinatos, destacamos, por sua reiterada persistência em reproduzir maldades, o relato registrado no capítulo 22 do Gênesis, ocasião em que Deus disse a Abrahão:

– *Toma teu filho único a quem amas, vai à montanha, levante um altar e sobre ele prepare a lenha para oferecê-lo em holocausto.*

Puseram-se a caminho e, ao atingirem a parte elevada da montanha, Isaac, vendo seu pai com um punhal na mão, indagou-lhe:

– Onde está a vítima?

– Deus indicará – respondeu Abrahão.

Todavia, no momento em que Abrahão pôs a lenha sobre seu filho para cumprir a sacrílega determinação, Deus suspendeu a imolação ponderando:

– Agora conheci que temes a Deus e não perdoaste teu filho único por amor de mim.

Com o objetivo de analisar os fatos sob a perspectiva da moral e do humanismo, sobrevêm as seguintes indagações: a narrativa do sacrifício de Abrahão seria compatível com a conduta de um Deus? Qual o crime praticado por Isaac? Poderia um Deus sujeitar um pai a uma obcecada empreitada martirológica? Poderia existir um Deus, ou qualquer Deus, com propósitos assassinos?[102] Na hipótese da

101 Quarto Livro dos Reis, capítulo 19, versículo 35.

102 Ainda mais pelo fogo. Possivelmente esse fato tenha inspirado as fogueiras da Inquisição.

consumação do crime, a dor de um pai seria infinita. E as dores de uma mãe? Ou para Deus as mães não importam? Tempos depois enviou seu filho para ser imolado numa cruz. Varados seus membros por pregos e lanças, Jesus sofreu dores atrozes, ao mesmo tempo em que sua mãe transformou-se numa vítima de martírios insuportáveis. **As dores podem ser infinitas, mas Deus não é infinito. Quando as religiões morrem, os deuses morrem junto.**

Deixemos, por conseguinte, as demais conclusões para os leitores.

De qualquer forma, é de toda a conveniência que nos afastemos do Pai, para ver, sobre esse tema, o que diz o Filho, no qual Ele pôs todas as suas complacências.

No ano 1 de nossa era, surgiu a figura pastoral de Jesus, também chamado de Messias – o enviado. O "Cordeiro de Deus" afastou-se das lorotas bíblicas. Preferiu ser a voz de uma nova era. Sua doutrina substituiu o ódio pelo amor. Advertia que deveríamos nos resguardar ***dos falsos profetas, que vêm a vós vestidos de ovelhas e por dentro são lobos rapaces.***[103] Acertou em cheio.

Curava doentes, convivia com os pobres. Ensinava por meio de parábolas. Dizia que a casa de seu pai era casa de oração e que os mercadores fizeram dela um covil de ladrões. (Qualquer semelhança com os dias de hoje não será mera coincidência.) Chamava os hipócritas de raça de víboras. Pregava a caridade e dizia que quando conhecermos a verdade ela nos tornará livres. Proclamava que **os que choram serão consolados, os que têm fome e sede de justiça serão saciados e os que sofrem perseguições por amor da justiça, deles é o reino dos céus.**

Palavras de Jesus que ainda ecoam pelos meridianos do mundo.

Então, é hora de perguntar: o mundo terá ouvido suas pregações? Sim, pode ter ouvido, todavia sem dar a mínima importância. As guerras, as perseguições e os desentendimentos continuaram.

103 São Mateus, capítulo 7, versículo 13.

Jesus pregou no deserto. Causa estranheza que um mesmo Deus tenha sido protagonista da fundação de três religiões. Quanto mais religiões, mais desentendimentos. Elas seguiram torturando, guerreando e assassinando e, como ápice das ações, milhares de pessoas foram carbonizadas nas fogueiras da Inquisição. As três religiões instituíram o trilateralíssimo do ódio, da perseguição e da morte. Contaminadas pela insensibilidade, jamais se importaram com o terror inspirado pela perversidade de seus atos. Dos morticínios só sobraram cadáveres. Após cumprirem as determinações de seus comandantes de tropas, os vencedores ficavam arrebatados e orgulhosos, cujos genocídios eram considerados como homenagem ao Deus de cada exército, que, por coincidência, era o mesmo.

Como dedução podemos concluir que os piores homens são exatamente os contaminados pela intolerância religiosa, além de movidos pelo fanatismo de crer intensamente em seus deuses. Não existem dúvidas. Deus é a causa dos antagonismos produtores dos atos bárbaros que mancharam a dignidade religiosa da humanidade no perpassar dos tempos.

Os ódios levaram as religiões às guerras. A partir de 27 de novembro de 1095, o cristianismo, na condição de religião dominante, deu início à crueldade fratricida que ainda persiste nos tempos modernos.

Para exemplificar, na cidade francesa de Clermont, o Papa Urbano II pregou a Guerra Santa para libertar os lugares sagrados situados em Jerusalém. **Para reunir os crentes, houve, como sempre, promessas da remissão dos pecados e, aos que tombassem nas batalhas, garantias de vagas no céu.**

Em 15 de junho de 1099, os cruzados, sob as ordens de Godofredo de Bouillon, conquistaram Jerusalém. A carnificina reproduziu-se com brutalidades sem parâmetros até então. Assassinaram milhões de pessoas. Não indagavam qual a religião das vítimas. A cidade regurgitava de riquezas. Saquearam-na toda. Surripiaram ouro, prata, animais e pilharam as casas até não sobrar nada. Depois, completamente felizes e chorando de alegria, foram adorar o sepulcro do Salvador Jesus.[104]

Desnecessário esclarecer que, da Europa à Terra Santa, os cruzados foram assaltando, saqueando, estuprando e matando indistintamente hereges, apóstatas, judeus, árabes e cristãos. Eles massacraram dezenas de milhares de muçulmanos, além de queimarem judeus trancados em suas sinagogas. **Após cumprirem os desígnios da pungente missão apostólica, comovidos lavaram suas mãos manchadas pelo sangue de suas vítimas.**

Travestidos como alucinados psicopatas, tinham convicção de que eram mensageiros de Deus. Entendiam que era obrigação cristã eliminar os infiéis. Em muitas cidades alemãs, assassinaram milhares de homens e outros tantos de crianças. Na cidade húngara de Zemar, depois do morticínio e dos saques, os cruzados mataram quatro mil cristãos. Também decapitavam muçulmanos exibindo suas cabeças como troféus. **Os bispos que os acompanhavam abençoavam as atrocidades.**

Se as guerras bíblicas foram o ponto de partida da ferocidade humana, a Inquisição foi uma espécie de segundo tempo, que, em matéria de selvageria, brutalidade e barbarismo, fez com que a humanidade baixasse aos últimos patamares da patologia em direção à degradação do humanismo. Os episódios foram tremendamente dolorosos. Muitos mártires sucumbiram face às inconcebíveis ações praticadas pelos delinquentes do papado.

É de bom alvitre que alguns fatos sejam relacionados para que se tenha uma visão abrangente em relação a épocas, listagens e enquadramento deles. Se formos abordar com amplitude tudo o que aconteceu, seguramente escreveríamos mil livros. Mas é interessante que se tenha uma ideia mais ampliada, para que se encontrem conclusões corretas, que é o que interessa para a presente exposição.

104 *História Universal*. Vol. 7 – "Das Cruzadas às guerras hussitas".

Conforme *História ilustrada da religião*[105], por volta de 1256, uma bula papal permitiu o uso da tortura. A invasão pelos cruzados de cidades situadas na Alemanha, Checoslováquia, Hungria, Iugoslávia e Bulgária reconfigurou os enviados papais em verdadeiros batalhões de fanatizados. Milhares de cristãos foram assassinados.

Em fins de 1291, a Terra Santa retornou às mãos dos muçulmanos. Dois séculos de guerras e de mortes tinham sido em vão. Para vergonha dos cristãos, quando Saladino reconquistou Jerusalém, não promoveu nenhum morticínio.[106]

É possível então afirmar que não houve na história tão abundante número de perturbados mentais petrificados por ideias alucinógenas que constituíram uma verdadeira malta de alienados que, embora tivessem perdido o uso da razão, consideravam-se ungidos por Deus, que lhes dava força para a prática dos atos de desumanidade. Apesar da crueldade na maneira de agir, não podemos afirmar que as Cruzadas tivessem sido o ápice das maldades humanas. O mesmo espírito de insanidade abasteceu tempos depois a desvairada Inquisição, que, com o suporte nos Autos de Fé, especializou-se nas torturas e nas condenações aos suplícios das fogueiras abrasadoras num inferno oficializado pela "Santa Sé", abastecido por combustível teocrático. Com base nesses fatos, Pepe Rodríguez fez a seguinte observação: *No olvides que la Iglesia tiene una experiência de dos mil años nel arte de hacer maldades impunemente.*[107]

Com razão, Pepe Rodríguez. O Santo Ofício, ou a Inquisição, foi instituído pelo Papa Gregório IX com o objetivo de conter heresias que questionavam as anomalias e as aberrações que contaminavam de estigma infamante papas e Igreja.

105 Obra escrita por Karen Farrington.

106 Saladino também adiantou recursos para que os cruzados retornassem à Europa. Não adiantou. Entre a Síria e a Turquia, cristãos acampados assaltaram os cruzados retirantes, despojando-os dos recursos dados pelo general otomano.

107 Pepe Rodríguez escreveu uma obra denominada de *Mentiras fundamentales de la Iglesia Católica* – Edição B.S.A. – Barcelona – Espanha.

Conforme foi registrado no livro *Razão x Religião*, a partir da Idade Média houve sensível crescimento de heresias que, somadas às novas ideias dos filósofos, às teses astronômicas dos cientistas e aos ideais dos livres-pensadores, davam forma a um conjunto de concepções que constituíam ameaça aos *diktats* dogmáticos. Mas não era apenas isso. De modo geral, os judeus eram interessantemente ricos. Apossar-se de suas riquezas era preciso. Como decorrência do poder temporal, a Igreja deu início à mais estúpida perseguição às pessoas acusadas de divergências em relação ao catecismo oficial, por faltas que, na opinião dela, significassem desrespeito religioso.

O Papa Alexandre III, mesmo antes da Inquisição tornar-se oficial, declarou que quem perseguisse os hereges de Languedoc teria os pecados perdoados por dois anos e que a salvação eterna seria a recompensa dos que sucumbissem na luta. A seguir a Europa como um todo havia entrado nesse ritmo de perseguições, dores e desgraças. Como exercício de adestramento, assaltaram as cidades de Béziers e Carcassona, onde indistintamente mataram milhares de albigenses e católicos. Ao se dar conta de tais sucessos, a falange higienizante ficou indecisa, pois não estava disposta a massacrar ao mesmo tempo hereges e cristãos. O impasse foi levado ao conhecimento do legado papal, Arnaud Amaury, Abade de Cîteaux. O abade, tão despreocupado quanto insensível, ordenou aos "brigadistas" que matassem a todos: *Deus haveria de reconhecer quais eram os seus*. Conclusão: nas religiões existem intermináveis distâncias entre a catequese e a prática.

Em 1º de março de 1562, o Duque de Guise mandou invadir um celeiro onde luteranos celebravam um culto. Embora estivesse em vigor o Edito da Tolerância, **milhares de protestantes foram mortos. Crime: estavam rezando.**

"Contra esse estado de coisas, Lutero e Calvino se rebelaram denunciando o comportamento criminoso por causarem afronta à lei de Deus. Por esses motivos, e também pelas 95 teses fixadas na porta da Igreja de Württemberg, na Saxônia, o Protestantismo triunfou para tornar-se mais puritano, mais bíblico e mais adaptado aos novos tempos, mantendo, contudo, a mesma postura intolerante de seu nicho religioso originário. Naquele tempo, Thomas Müntzer fundou o movimento dos puros, que pregava a liberdade como condição da palavra divina. Foi executado sob os aplausos de Lutero, que exigiu, também, que os camponeses que se revoltaram em 1525 fossem exterminados como cães, sem nenhuma misericórdia – como de fato foram; o número de vítimas chegou a dezenas de milhares".[108] Cristãos e protestantes daí em diante se tornariam inimigos e quando, por qualquer problema, perdiam as condições de se assassinarem, apelavam para a excomunhão, acompanhada de imprecações de toda natureza.

Da França, a Inquisição se estendeu para muitos países; dentre eles temos que destacar o enfurecido e feroz delírio persecutório espanhol, personificado por Tomás de Torquemada[109], frade dominicano, **o mais terrível inquisidor da Espanha, que conseguiu que Fernando e Isabel promulgassem um edito em 1492, ordenando a expulsão dos judeus do país.** Torquemada conduzia a Inquisição de cidade em cidade. Em Valladolid foram queimadas 14 pessoas. Em Sevilha, 800. Após dez anos de brutal perseguição, Felipe II alardeava que não existiam mais protestantes na Espanha. Estima-se que 170 mil judeus tiveram que abandonar o país às pressas. Os que ficavam, embora convertidos, eram condenados a diversas penas. Duas mil pessoas foram queimadas vivas entre 1483 e 1498. Calcula-se que, ao todo, foram condenadas 300 mil pessoas e 30 mil tenham sido executadas.

Nunca governo e religião concentraram tanto poder de maldade para condenar inocentes às fogueiras de um inferno inquisitorial. Os clarões das labaredas serviam para iluminar fantasmagoricamente o tenebroso obscurantismo do cristianismo medieval. A Inquisição foi,

108 Stephen Jay Gould. *O milênio em questão*. Companhia das Letras, 1999, p. 46. Conforme Vladimir Grigorieff (*El gran libro de las religiones del mundo*. Ed. Robin Book, p. 297), Lutero reprimiu com ferocidade a chamada guerra dos camponeses, trucidando mais de 100 mil anabatistas. Müntzer morreu decapitado.

109 Torquemada, da congregação dos padres dominicanos que deu origem à designação *Domini canis*, que significa "os Cães do Senhor", com uma diferença: os religiosos eram mais ferozes que os cães.

com toda a certeza, a mais cruel e feroz empreitada em todos os tempos. Ela teve origem na estirpe dos primatas, claro, com a primazia de sermos os piores da espécie. A paranoia contaminava a totalidade das relações humanas europeias. Vizinhos denunciavam vizinhos. Parentes denunciavam parentes, enquanto ela deslocava-se de cidade em cidade, ganhando notoriedade pela iniquidade dos julgamentos e crueldade dos assassinatos. Por volta de 1256, uma bula papal instituiu a tortura como forma de arrancar confissões. Como o Papa era o representante de Deus na Terra, acreditava-se que se torturava e se matava em sua homenagem, pelo menos **essa era a opinião de Santo Agostinho, que via a tortura *como um meio útil para devolver ao rebanho as ovelhas desgarradas*, enquanto São Jerônimo argumentava que *nem os maiores excessos deveriam ser considerados crueldade se fossem para a defesa de Deus*.**

Em 1620 começaram as hostilidades da Guerra dos 30 Anos. Uma guerra religiosa por excelência, que envolveu alemães, checos e suecos, até que, em 1648, os Tratados de Vestfália impuseram armistício. A Alemanha ficou marcada pelo espantoso número de cadáveres. Os combates, as epidemias e a fome fizeram com que ela perdesse 30% de seus habitantes. Quatro anos depois, a França foi dilacerada por guerras religiosas. Os massacres eram constantes. O mais célebre de todos foi o de São Bartolomeu, ocorrido entre 23 e 24 de agosto de 1572. Naquela noite, católicos franceses empreenderam uma matança generalizada contra os huguenotes, nome como eram conhecidos os calvinistas na França. Os que não foram mortos foram condenados à prisão. A sanha assassina prosseguiu com a destruição dos templos protestantes, praticamente todos. No mesmo ano, o Papa Gregório XIII celebrou um *te deum* festejando o massacre dos três mil huguenotes que pereceram na tristemente famosa "Noite de São Bartolomeu".

Em 1787 houve um édito de tolerância, mas a liberdade de culto só viria com a Revolução Francesa. Na Suíça, sob o governo Calvino, Genebra transformou-se numa oligarquia religiosa. Durante os quatro primeiros anos de seu governo, houve mais de 58 execuções, para uma população que não superava mais do que 17 mil habitantes.

Os protestantes continuaram vítimas de constantes vexames e perseguições que os marginalizaram socialmente até a Revolução Francesa, quando foi estabelecida a liberdade de culto. A carnificina dos huguenotes foi obra de Catarina de Médici, de Henrique de Anjou e dos Guises. A matança parisiense se alastrou pelas províncias. Segundo Lindsay[110], **o número de vítimas foi calculado entre 80 mil e 100 mil. Foi então que o Papa Gregório XIII benzeu os assassinos, ordenando que se cantasse um *te deum* pelos bons resultados das gloriosas missões sanguinárias.**

No século XV, uma variante da Inquisição direcionou sua artilharia de maldades ao combate da bruxaria, considerada uma heresia, pela suposição de que as mulheres estivessem contaminadas por forças malignas. A Inquisição acusava as bruxas de se comunicar com fantasmas e demônios, lançar encantamentos, devorar crianças e causar doenças.

Carl Sagan acrescentou que os tribunais ganhavam uma gratificação para cada feiticeira queimada.[111] O que sobrava das propriedades das bruxas condenadas, se ainda houvesse alguma sobra, era dividido entre a Igreja e o Estado. Como cada bruxa era obrigada a denunciar outras, o número crescia exponencialmente. Legiões de mulheres foram queimadas até a morte. Cumpridas as horrendas missões, os padres abençoavam os instrumentos usados para infligir torturas rotineiramente aplicadas a todas as rés, jovens ou velhas. Os responsáveis pelas acusações, pelos julgamentos e pelas condenações à morte nas fogueiras dos Autos de Fé eram considerados "altruístas". Eles estavam realizando a obra de Deus. Estavam derrotando os demônios.[112]

Não poderíamos terminar o presente capítulo sem antes fazer referência a dois fatos que, pela sua importância, se constituem em

110 Lindsay, T.M. – *A Reforma* – Lisboa – Livraria Evangélica.

111 Carl Sagan – *O mundo assombrado pelos demônios* – Companhia das Letras.

112 De acordo com Omar Ferri – *Razão x Religião*.

exemplos da luta contra a postura de intransigência do cristianismo enredado em preceitos retrógados que prejudicaram o desempenho educacional das nações. Sempre foi preferível manter a fictícia narrativa sagrada a vê-la desabar pela falsidade de seus fundamentos.

Hoje devemos proclamar o erro deliberado da religião em execrar, por resguardos teológicos, as descobertas científicas, cujo único interesse sempre foi o de estabelecer as verdades da ciência.

Perseguiram Galileu Galilei por ter aderido aos Sistema Copernicano, que afirmava que era a Terra que girava em torno do Sol. Ele aprimorou uma luneta importada da Holanda e com ela viu se descortinar um universo mais amplo do que se imaginava. A Inquisição não o perdoou. Foi condenado à prisão e obrigado a abjurar suas convicções. Antes de morrer, mesmo sob o olhar ameaçador de seus inquisidores, afirmou: "E pur si muove", isto é, "apesar de tudo, a Terra se move".

Hoje Galileu foi absolvido pela Igreja, que perdeu condições de negar o avanço da astronomia. Ele foi considerado o pai da física moderna por descrever as propriedades dos pêndulos, inventou telescópios, várias bússolas e defendeu até o fim de sua existência o caráter incontroverso do heliocentrismo. Por seu corajoso combate ao obscurantismo religioso, é aclamado como um dos grandes personagens da humanidade.

Outro italiano que inscreveu seu nome no livro dos grandes homens chamava-se Giordano Bruno. Corajoso defensor dos princípios da dignidade e do humanismo, foi um destemido guerreiro contra a tenebrosa época da dita Santa Inquisição. Guardo em minha memória a primeira frase, que, segundo consta, foi dita por ele ao enfrentar a retrógrada intolerância do sistema religioso dos tempos feudais: *Que ingenuidade a minha, pedir aos donos do poder a reforma do poder*.

Frade dominicano, teólogo famoso, melhor seria dizer, importante filósofo, que proclamava o acerto da teoria copernicana e que as estrelas são também sóis de mundos iguais ao nosso e deveriam existir aos milhares pelos confins do universo.

Foi processado pela Inquisição durante oito anos. Nesse tempo ficou preso nas lúgubres masmorras inquisitoriais. Corajosamente, manteve com firmeza suas ideias, acusadas de heréticas perante os tribunais do obscurantismo religioso.

Foi torturado e condenado à morte. Enfrentou com postura altiva a fogueira inquisitorial dizendo: *Talvez vocês tenham mais medo de pronunciar minha sentença do que eu tenho de recebê-la.* Morreu como um emblema de coragem e dignidade que engrandece qualquer ser humano.

Senti, em meus pensamentos, que não poderia deixar de homenagear essas duas personalidades que acreditaram na verdade, que, **apesar da profecia de Jesus Cristo, não os tornou livres. A Igreja conspirava contra as ideias de Cristo.**

Depois de todos esses horrores, deveríamos nos perguntar: houve algum benefício para a humanidade? Não, nenhum. Pelo contrário, injustiças e só injustiças. Injustiças ainda sentidas nos nossos dias.

20. A MATANÇA CONTINUA – EPISÓDIO II

Por todas as épocas, as religiões hegemônicas mantiveram um contubérnio político-religioso com os países onde atuaram, comungando com as mesmas posturas arbitrárias que permitiram aos Estados manter as populações submissas. Com exceção de algumas poucas religiões, como, por exemplo, o budismo, o jainismo e as animistas, as demais não só permitiram como também incentivaram as matanças, em nome de Deus, em nome da teologia e em nome do Estado.

Na atualidade, não há como deixar de destacar o cristianismo e o islamismo como religiões monoteístas. No livro *Razão x Religião* consta um capítulo no qual elas foram incriminadas como **as religiões do ódio.**[113]

De que forma justificar que religiões criadas por um mesmo Deus e inspiradas pelas mesmas verdades desviaram-se de suas origens transcendentais para envolver-se no rumo das transgressões dos princípios ditos sagrados? Uma segue a torá, a outra os evangelhos, a terceira o Alcorão, mas, paradoxalmente, todas, em diferentes épocas, foram uma só no que se refere à sanha sanguinolenta dos assassinatos.

113 Omar Ferri. *Razão x Religião* – Editora Riegel, 2004.

O islamismo estruturou um movimento guerrilheiro que teve início em Meca, em 632, para logo se transformar numa Guerra Santa e avançar pelo Oriente Médio e Ásia, ocasião em que conquistou a Síria em 636, o Iraque em 637, o Egito em 642, o Irã em 651, depois Afeganistão, Paquistão, Bangladesh e enfim parte da Índia e da Indonésia. Na direção inversa, a partir do Egito, o islamismo penetrou na Argélia, Líbia, Marrocos, Mauritânia, Mali e Nigéria.

Excitados pelas conquistas, os muçulmanos partiram em direção à Península Ibérica, onde 700 anos depois foram detidos por Carlos Martel na Batalha de Poitiers, no ano de 732. A vitória de Carlos Martel expulsou a ocupação islâmica da Europa Medieval. Esses territórios ibéricos sucessivamente foram cristãos, muçulmanos e depois novamente cristãos. **Esses fatos comprovam que as religiões são adotadas, mantidas e controladas pelo poder de Estado.**

Lamentavelmente, em nossos dias, uma força perversa inspirada pela Sharia – o Caminho, a Lei –, impulsionada pelo Jihad, a Guerra Santa, e alicerçada pelos mesmos objetivos, e guerrilheiros de Alá estão investindo para conquistar a África Subsaariana, de forma que, pelo que tudo indica, com exceção da África do Sul, em pouco tempo a maior parte do continente africano será islâmica.

Geralmente, o Alcorão, em várias Suratas e Versículos, estabelece normas religiosas de cunho pacífico. Todavia, desde os tempos bíblicos, o que realmente move o proselitismo religioso é a substituição das religiões existentes pela religião dos vencedores. Sempre a repressão foi o maior expoente pedagógico para submeter os povos vencidos à sanha e crença dos vencedores.

No caso do islamismo muçulmano, como no judaísmo bíblico ou no cristianismo medieval, a violência veio sendo a catequese fundamental para conquistar países e sujeitá-los ao despotismo das religiões oficiais.

Não sendo diferente de outras escrituras sagradas, o Alcorão pode ser interpretado tanto como crença pacífica ou hostil. De qualquer forma, o apelo à ditadura da Sharia se constitui no princípio predominante. Muitos autores apontam versículos da Segunda Surata como sinalizadores das posturas que impõem submissão aos povos conquistados.

Como conseguiram dominar estes vastos territórios do globo? Ora, mercê de sua ideologia religiosa, do poder destrutivo de suas milícias, e tudo na base do "crê ou morre". Em outras palavras: submissão ou morte. Alguns versículos do Corão dão testemunho de que os muçulmanos combatem pela causa de Deus, com o arbítrio de eliminar todos quantos ousam resistir às suas investidas.

Após as conquistas recém-referidas, com o mesmo ímpeto, o Islã continua atuando tanto na África como na Ásia com o objetivo de impor suas regras de conduta, segundo suas raízes maometanas e seus objetivos teológicos.

Há mais de vinte anos, o autor vem coletando na mídia as denominações dos grupos guerrilheiros, das associações terroristas, dos movimentos, das confederações, enfim, dos batalhões armados que, com base em princípios fundamentalistas, têm por escopo o estabelecimento de califados regidos pelas leis do Alcorão, cujo sistema permite uma melhor formatação para o controle impiedoso do processo de conquista das milícias muçulmanas.

Segundo o islamismo, o Alcorão foi ditado diretamente por Alá. Ele prescreve que há um só Deus todo-poderoso e absoluto, que estabelece as relações civis e religiosas, comandadas por um verdadeiro determinismo fatalista, terminando por suprimir a própria liberdade do homem. Fatalismo que pode ser designado pela palavra árabe *maktub*, cujo significado é "estava escrito, tinha que acontecer". Qualquer alusão ou insinuação que direta ou indiretamente insulte o Santo Profeta Maomé será punida com a pena de morte.[114]

---

114 O escritor Ahmad Salman Rushdie foi autor de *Os versos satânicos*. Por essa razão foi condenado à morte pelo Islã. Já sobreviveu a dois atentados.

Nesse sentido, é interessante que arrolemos três versículos da segunda Surata:

Versículo 114 – Haverá alguém mais iníquo do que aquele que impede que o nome de Deus seja celebrado em santuários e se esforça em destruí-los? Estes não deveriam adulterá-los senão temerosos; sobre eles recairá, pois, o aviltamento deste mundo e, no outro, sofrerão um severo castigo.

Versículo 190 – Combatei, pela causa de Deus, aqueles que vos combatem; porém, não pratiqueis agressão, porque Deus não estima os agressores.

Versículo 191 – Matai-os onde quer que os encontreis e expulsai-os de onde vos expulsaram, porque a perseguição é mais grave do que o homicídio. Não os combateis nas cercanias da Mesquita Sagrada, a menos que vos ataquem. Mas, se ali vos combaterem, matai-os. **Tal será o castigo dos incrédulos.**

E, também, para que não pairem dúvidas, necessário listar, não em caráter exaustivo, mas, exemplificativo, alguns grupos que guerreiam no mundo para o estabelecimento da teocracia autoritária muçulmana, com suporte no amor de Alá por aqueles que lutam por sua causa:

1. AL-QAEDA - Grupo guerrilheiro fundamentalista liderado por Osama Bin Laden. Osama, um dos homens mais procurados da história, foi morto por uma unidade secreta da CIA, em 02.05.2011.

2. AFEGANISTÃO - Mujahidin, cujo significado é "Guerrilheiros de Alá". Região preferencial de atuação da Al-Qaeda.

3. ARGÉLIA – Al-Watan (a nação), partido radical islâmico liderado pelo rebelde Abdelhakim Belhadj, que já esteve preso por envolvimento em grupos alinhados à Al-Qaeda, mantenedora de milícias armadas. É capaz de tudo em nome de Alá e da ideologia fundamentalista islâmica.

4. BÓSNIA - Declaração islâmica que afirma a impossibilidade de paz.

5. CHECHÊNIA - Confederação Islâmica do Cáucaso.

6. FILIPINAS - Movimento guerrilheiro muçulmano.

7. FILIPINAS - Confederação Islâmica.

8. ÍNDIA - Mujahidin. Guerrilheiros do Islã.

9. INDONÉSIA - Jemaah Islamiyah.

10. INDONÉSIA - Confederação Pan-Islâmica.

11. IRÃ - República dos Aiatolás. República Teocrática Islâmica.

12. KOSOVO - Kosovo Liberation Army. Luta por uma Albânia Muçulmana.

13. LÍBANO - Hezbollah – Partido de Deus.

14. MINDANAO - Confederação Islâmica.

15. NIGÉRIA - Boko Haram.

16. NIGÉRIA - Ansaru: grupo relativamente novo que está em plena expansão. Uma possível dissidência do Boko Haram.

17. PAQUISTÃO - Lashkar-e-Taiba.

18. SINGAPURA - Confederação Pan-Islâmica.

19. SUDÃO - Milícia Islâmica.

20. MALI - Al-Qaeda subsaariana – radicais da Al-Qaeda que atuam na República do Mali.

21. MALI - Ansar al-Din – "Defensores da Fé" – grupo que atua no território do Mali. Prega a interpretação rigorosa da "Sharia". É liderado por Iyad Ag Ghali, tuaregue e ex-diplomata, com representações do Mali, da Argélia e da Nigéria. Tem armas antiaéreas. O grupo rachou na segunda quinzena de janeiro de 2013.

22. MALI - Al-Qaeda nas Terras do Magreb Islâmico (AQMI). Grupo mais influente no Mali. Fundado a partir de militantes salafistas. Atua principalmente na Argélia, na Mauritânia e no Níger. Chefiado no Saara por Yahya Abu al-Hammam.

23. MALI - Movimento para a Unidade e Jihad no Oeste da África (Mujao). Dissidência da AQMI. Começou em 2011, com o

objetivo de espalhar a guerra religiosa pelo oeste africano. Atua na Argélia e no Mali. Liderado por Hamada Ould Mohamed Kheirou, da Mauritânia.

24. MALI - Ansar al-Sharia. Formado no norte do Mali em colaboração com grupo de mesmo nome na Líbia que assumiu ação contra o consulado americano em Bengasi. Os líderes vêm da tribo de Timbuktu. Atua no Marrocos, na Tunísia e no Iêmen.

Karen Farrington[115] registrou em sua obra que a história do islamismo é a história de uma religião vitoriosa. Interessante salientar que na época em que o livro foi publicado ainda não haviam sido criadas as milícias fundamentalistas, nem o movimento pelo estabelecimento de um Estado Islâmico, nem a organização guerrilheira dos Talibãs, especializada na violação dos direitos humanos, que governou o Afeganistão de 1966 até 2001 e agora, com a expulsão dos batalhões da CIA, restabeleceu um regime de terror islâmico no país. Karen vaticinou o futuro.[116]

Atualmente, os grupos referidos estão atuando em dezenas de nações. Sua meta é a de estabelecer estados muçulmanos nos países conquistados. Hoje um quarto da população da Terra é islâmica.

Na Europa, onde o sistema cristão está bem estruturado, o islamismo optou pela penetração sutil, servindo-se dos direitos democráticos que eles proíbem em seus países, e dessa maneira vão disseminando religião e conquistando crentes em várias nações, como é o caso da França, Alemanha e Inglaterra. A alta taxa de natalidade das famílias muçulmanas ajuda a explicar a ascensão do islamismo no mundo. Eles estão convencidos de que o futuro será deles.

No islamismo não existem dogmas, sacramentos, sacerdotes, liturgias nem adoração de imagens. Além da simplicidade do proselitismo

---

115 Karen Farrington – *História ilustrada da religião* – Ed. Marole – publicada no Brasil em 1999.

116 O Afeganistão é o país mais infeliz do mundo.

religioso, os muçulmanos acreditam que só existe um Deus e que Maomé é seu profeta. Esse é o único dogma do islamismo.

Podemos afirmar que o Estado Islâmico e o movimento dos Talibãs sintetizam as movimentações da atualidade, que tem objetivos tanto para o bem como para o mal, mas sempre com o intuito de levar a religião de Maomé para todos os povos do mundo, e sempre compelidos pela crueldade das ações das guerras de conquista.

Para o Islã, o Alcorão contém ensinamentos irrefutáveis. No final dos tempos, vaticina, todos os povos serão muçulmanos.

Comecemos registrando suas ações terroristas a partir da Nigéria, um país que nos tempos passados vivia sob religiões animistas, que não faziam mal a ninguém, mas que, depois do período do escravismo coordenado pelos países cristãos, vem enfrentando uma insistente insurreição islâmica. No Natal de 2010, conhecido como o "Natal Negro", a fúria irracional religiosa dos muçulmanos deixou mais de mil mortos, crentes de outras religiões. Minorias em vários países da África, do Oriente Médio e do Sudeste Asiático, os cristãos têm sido as vítimas mais constantes dos crimes de cunho religioso perpetrados por radicais islâmicos.[117]

A *Folha de S.Paulo*[118] registrou que o norte muçulmano iniciou uma luta contra a parte sul cristã, vencedora das eleições. Dezenas de mortes em ações repletas de barbárie. Uma fúria pós-eleições atingiu várias cidades nigerianas. A Nigéria é o país mais populoso da África. Desde as décadas de 1980/1990, os conflitos religiosos emergiram em diferentes cidades situadas no norte do país. A partir de então, centenas de massacres e assassinatos fizeram milhares de vítimas. O ódio está entranhado nas cidades nigerianas. O grupo extremista Boko Haram assumiu a responsabilidade dos ataques às igrejas da Nigéria que deixaram vinte e cinco mortos no Natal de 2011. Em abril de

117 *Veja*. 06.04.2016. Duda Teixeira.

118 *Folha* – 23.04.2011.

2012, o país foi vítima de um dia sangrento. O terror islâmico matou trinta e oito pessoas.

Em junho do mesmo ano, houve ataques mortíferos contra igrejas. Quatro pessoas, incluindo um homem-bomba, morreram e cinquenta ficaram feridas. Os atentados foram reivindicados pela seita islâmica Boko Haram. Pelo menos vinte e um cristãos morreram e cerca de cem ficaram feridos em atentados praticados contra cinco igrejas no Estado de Kaduna, no norte da Nigéria.

Conforme o jornal *O Sul*, na escola de Mamudo, no nordeste da Nigéria, homens armados mataram vinte e nove crianças. As crianças estavam dormindo em alojamentos de um colégio estadual. Segundo testemunhas, alguns jovens foram queimados vivos. Um professor também foi assassinado na ação promovida por um grupo radical islâmico. Os extremistas consideram a educação ocidental um pecado.

Após orarem numa mesquita, em 19.11.2015, terroristas do grupo jihadista Boko Haram foram os principais suspeitos, em nome de Alá, por um ataque que deixou ao menos trinta e um mortos num mercado de alimentos da Nigéria.

Em Abuja, Capital da Nigéria, mais de um milhão de pessoas aclamaram a lei islâmica, a Sharia. No dia 27.08.2011, houve um atentado contra a ONU que matou dezoito pessoas. Milhares de pessoas já morreram desde que o Presidente Olusegun Obasanjo tomou posse.

No nordeste do Quênia, conforme a *Folha* de 03.04.2015, a milícia islâmica Al-Shabaab invadiu uma universidade e matou cento e quarenta pessoas, além de ferir setenta e nove cristãos. A milícia islâmica radical Al-Shabaab baseada na Somália, mas com ações no Quênia, com integrantes estimados de quatro a oito mil milicianos, em 2012, aderia formalmente à Al-Qaeda. Seu líder, Ahmed Abdi Godane, foi morto pelos EUA em 2014.

A *Folha* publicou em 28.10.2012 que a violência religiosa vem gerando crise humanitária em Mianmar. O confronto entre budistas e muçulmanos no oeste do país matou sessenta pessoas. Milhares fogem rumo a campos de refugiados; ONGs cobram do país asiático resposta dura contra os violentos ataques.

Quase cem mil cristãos morrem todos os anos por razões relacionadas à sua fé, denunciou na Rádio Vaticano o observador permanente da Santa Sé nas Nações Unidas. O Oriente Médio, a África e a Ásia são as regiões onde ocorre o maior número de violações contra a liberdade religiosa, sobretudo no Paquistão, na Nigéria e no Egito.

Os fundamentalistas islâmicos, que há nove anos desencadearam uma sangrenta guerra civil que já matou mais de cem mil pessoas, aproveitaram o período de zelo religioso, em que os fiéis devem dedicar-se às orações, ao jejum e às ações piedosas, para cometer matanças ensandecidas. Em 2012, foram assassinadas mais de cinquenta pessoas e no dia 27 de novembro, início do Ramadã, mais de duzentos civis morreram de maneira brutal, a maioria fuzilada, queimada ou decapitada a machadadas. Quinze estudantes foram fuzilados no dormitório de uma escola.[119]

Em Yangun, após confrontos violentos entre budistas e muçulmanos que deixaram ao menos sete mortos e dezessete feridos, o governo de Mianmar impôs toque de recolher na capital e em outras cidades do país. As tensões religiosas ganharam intensidade depois que dez muçulmanos morreram em um ato de linchamento no sul do estado de Rakhine. Nos últimos dias, violentos confrontos destruíram quinhentas casas.[120]

Rebeldes muçulmanos invadiram o complexo de uma igreja católica em Bangui, capital da República Centro-Africana, e mataram ao menos trinta pessoas, informaram testemunhas. O ataque à Igreja de Fátima, onde centenas de civis tinham procurado refúgio para fugir da violência que assola as ruas de Bangui, foi o maior realizado por

---

119 Conforme a *Veja*. 27.12.2000.

120 *Correio do Povo*. 11.06.2012.

combatentes muçulmanos desde o início de 2012. Nestes países, "a sociedade está dividida e as crianças estão sendo doutrinadas", afirmou Paul Kagame, presidente de Ruanda.

Na Índia, ainda hoje, a violência religiosa explode com banhos de sangue e selvageria. Em 1992 houve violentos conflitos em Uttar Pradesh. Fanáticos destruíram uma mesquita muçulmana. Há violência em todo o país, principalmente em Bombaim, com mais de mil e quinhentos mortos. No Estado de Bihar, a Universidade de Nalanda foi totalmente destruída em 1199. Os árabes chegaram com milhares de camelos e cavalos dando aos "infiéis" hindus a alternativa de conversão ou morte; todavia, nenhuma chance aos monges budistas. Oito mil deles foram passados ao fio da espada. A última chama de luz budista se extinguiu na Índia.[121]

Num dos ataques mais sangrentos contra cristãos, no Paquistão, pelo menos setenta e oito pessoas morreram e cem ficaram feridas quando saíam de uma missa. O ataque ocorreu ao meio-dia em frente à Igreja de Todos os Santos de Peshawar, a principal cidade do nordeste, uma região atingida frequentemente por atentados atribuídos em grande parte aos rebeldes islâmicos talibãs.

Em agosto de 2021 os Estados Unidos retiraram suas tropas do Afeganistão. A milícia Talibã tomou conta do governo. Mais uma bravata intervencionista americana faliu. O fracasso da ingerência fez renascer o autoritarismo religioso fundamentalista, dando origem aos desarranjos democráticos, violando os direitos do cidadão, arruinando as finanças, assassinando opositores e terminando por produzir hordas de famintos. Atualmente, no Afeganistão, as mulheres estão proibidas de exercer qualquer profissão, ao mesmo tempo em que as atletas de um time de futebol tiveram a cabeça raspada por mostrarem as pernas num jogo.

Cerca de 25 mil muçulmanos incendiaram em Ramuj (Bangladesh) vinte e cinco templos budistas em protestos contra uma foto

121 Joseph Campbell. *O poder do mito.*

publicada no Facebook considerada ofensiva ao Islã. Dezenas de casas dos povoados e cidades próximas também foram queimadas em 2012.[122]

Na Indonésia desde janeiro morreram mais do que cento e cinquenta pessoas. A polícia da Indonésia disparou contra os muçulmanos que queriam linchar uma cristã.[123]

Houve, igualmente, ataques a igrejas no Egito, que mataram mais de quarenta cristãos coptas. Em seguimento, duas explosões em igrejas mataram ao menos quarenta e quatro e deixaram mais de cem feridos durante as festas do Domingo de Ramos.[124] A *Folha* informou que um ataque a ônibus com cristãos coptas no Egito matou ao menos vinte e oito. Os cristãos coptas têm sido alvo de facções terroristas, que os consideram infiéis.[125]

Foi tão terrível tudo o que aconteceu e tão inacreditável, e, por mais inacreditável que seja, ainda acontece, a tal ponto que existem dificuldades para encontrar palavras condizentes para finalizar este capítulo, tal o horror gerado pelos fatos descritos, que vêm ocorrendo desde o início dos tempos, que nunca cessaram e, possivelmente, nunca terão fim.

Assim, disse um entendido na matéria, os fanáticos talibãs podem ser um caso extremo, mas não são totalmente originais. Isso nos faz lembrar o que aconteceu na Croácia ao tempo da Segunda Guerra. Cornwell informa que, com relação àquele país, há uma dolorosa diferença: o fundamentalismo religioso (que se sobrepunha à guerra) inspirava padres, invariavelmente franciscanos, para assumirem um papel de destaque nos massacres. Muitos andavam armados e executavam seus atos assassinos com o maior zelo. O padre Bozidar Bralow, conhecido pela metralhadora que era sua constante

---

122 *O Sul*. 1º.10.2012.

123 *Correio do Povo*. 01.03.1999.

124 *Folha*.10.04.2017.

125 *Folha*. 27.05.2017.

companheira, foi acusado de realizar uma dança em torno dos cadáveres de cento e oitenta sérvios massacrados em Alipasin-Most. No arquivo do Ministério do Exterior em Roma há um registro fotográfico das atrocidades: mulheres com seios cortados, olhos arrancados, genitálias mutiladas. Os instrumentos da carnificina: facões, machados e ganchos de açougueiro.[126] Essa era a área da jurisdição eclesiástica do Cardeal Stepinac, onde a BBC de Londres informava que estavam sendo cometidas as maiores atrocidades. Com toda a certeza, o cardeal nunca se manifestou nem se opôs. O principal líder do barbarismo croata se chamava Pavelic.

Esse é o triste exemplo das igrejas que hipocritamente se manifestam em favor da paz e do amor, mas como regra geral preferem guerrear contra todas as que não estejam enquadradas no seu âmbito religioso. Obviamente, essa não é a regra geral, mas não deixa de ser atributo que, diuturnamente, influencia suas teologias e comanda suas ações.

Dirão muitos religiosos que nem tudo é como até agora foi narrado, pois, de modo geral, os autores que criticam as religiões, deliberadamente, esquecem os benefícios das instituições religiosas no que concerne à educação, à saúde, à assistência social e à formação moral do homem. Tudo correto, mas essas circunstâncias não correspondem à essencialidade dos fatos e terminam por comprovar que na maior parte de suas ações não é o amor que prevalece, mas o interesse em destruir as outras crenças; pior ainda, desde tempos imemoriais as religiões vêm percorrendo os caminhos mais diversos em matéria de cultura geral, mantendo-se sempre contrárias à maioria dos conceitos relativos ao conhecimento científico. Na verdade, as religiões não têm o direito de manter os povos em situações de atraso cultural. Igualmente, não podem transformar crentes em mendigos, dos quais exigem sacrifícios patrimoniais em prol do enriquecimento das igrejas e de seus coadjuvantes.

126 Omar Ferri. *Razão x Religião*. Obra já citada.

Foi o pensamento religioso de Aristóteles e Ptolomeu o responsável por ter atrasado por dois mil anos a teoria do heliocentrismo, proclamada na Idade Média por Copérnico e logo aceita por Galileu Galilei, Giordano Bruno, Newton, Charles Robert Darwin e, por último, Einstein, responsáveis pelos esclarecimentos dos mais importantes "mistérios do universo". Eles provaram que o Universo não foi criado por nenhuma divindade; que não foi criado há questão de seis mil anos, e, enfim, está definitivamente comprovado em caráter científico que a idade do universo é de 13,8 bilhões de anos, no mínimo.

Foram os cristãos que condenaram Dreyfus e foram os livres-pensadores que acusaram a fraude judicial e terminaram provando sua inocência. O cristianismo não tinha o direito de condenar os hereges às labaredas da Inquisição. Na Idade Média era perigoso pensar. O islamismo não tinha e não tem o direito de assassinar "ímpios". Os charlatães pentecostalistas, vendedores de milagres, são os falsos profetas denunciados por Cristo. **A descoberta da penicilina, em menos de cem anos, salvou mais pessoas do que dois mil anos de orações.**[127] A polícia judiciária deveria enquadrá-los no artigo 171 do Código Penal[128], combinado com o crime de Exercício Ilegal da Medicina.

As religiões fundamentalistas, de hábito, mantêm os crentes na ignorância para poder melhor controlá-los. As religiões devem ser inspiradas pela fraternidade dos povos, jamais pelo ódio em relação às outras crenças ou aos outros deuses.

Antes mencionamos os pretensos benefícios das instituições religiosas, principalmente no que diz respeito à educação evangelizadora. Nesse rumo, vale registrar a brutalidade estúpida de fatos que aconteceram na década de 1750 e envolveram o Brasil, a Argentina e o Paraguai num inaceitável genocídio contra os índios guaranis, construtores dos Sete Povos das Missões. No início da evangelização,

127 *Deus com humor*. Décio Schroeter.

128 Estelionato.

os conquistadores diziam que os deuses das selvas não existiam e que somente o Deus cristão poderia premiá-los com as benesses divinas do mundo celestial. Então eles se tornaram cristãos.

Tempos depois, Espanha e Portugal assinaram o Tratado de Madri (1750), que substituiu o Tratado de Tordesilhas (1494), estabelecendo novas fronteiras entre as colônias de Portugal e Espanha na América. Dando cumprimento a uma cláusula fixadora de novos limites, seus exércitos promoveram a expulsão de mais de 50 mil índios guaranis das terras onde haviam estabelecido os Sete Povos. Foi então que Sepé Tiaraju liderou a resistência bradando: **Esta terra tem dono!** Infelizmente, lanças e flechas não tinham as mínimas condições para enfrentar as armas mortíferas dos dois exércitos mais poderosos daqueles tempos. A guerra de segregação foi implacável. Durante alguns dias, milhares de índios foram mortos pelos canhonaços dos conquistadores. Em outras palavras, velhos cristãos estavam matando novos cristãos. Os que sobreviveram foram expulsos de suas terras. **Em qualquer parte do mundo, as missões religiosas não passaram de pura hipocrisia. Sempre os interesses de império foram mais relevantes que as religiões.** Será que esses índios cristianizados ganharam o céu? E de que lado estava Deus: ao lado dos cristãos mártires ou dos cristãos assassinos? As evidências não encontram explicações razoáveis.

Por fim, devemos indagar, face a tudo o que se relatou, se os céticos, os laicos, os agnósticos, os descrentes, os ateus e os que não têm religião têm alguma culpa em relação às histórias trágicas relatadas. Com a palavra, o leitor.

21. E A DEVASSIDÃO TAMBÉM – EPISÓDIO I

O que foi narrado até o presente momento ressaltou o comportamento impiedoso e delituoso de certas religiões. A toda evidência, os crentes, com substâncias místicas alucinógenas alojadas em seus cérebros, rejeitam os fatos descritos. Alguns poderão considerar que o comportamento deplorável de personagens bíblicas e evangélicas não é suficiente para macular as "verdades" proclamadas pelos livros sagrados.

Eles não têm razão. A essência ou a natureza das religiões foram destruídas, tanto pela verdade, tanto pela ciência, quanto pela evolução do conhecimento humano.

Pedro Almodóvar, célebre diretor de cinema espanhol, sobre este assunto esclareceu: "Eu e muitos espanhóis sofremos uma educação religiosa, uma educação de culpa e castigo. Acho que é uma educação perfeita para criar psicopatas".

Com toda a razão. As pessoas são carimbadas desde a infância por tradição e submissão nas crenças do meio em que vivem, cujas concepções se mantêm até a idade adulta, isso porque:

a) É mais fácil crer na falsidade de um Deus criador do que crer em verdades inaceitáveis por suas mentes;

b) É mais fácil conviver com uma religião do que se isolar num agnosticismo recusado pela maioria dos membros da comunidade;

c) Por que acreditar nos ateus se, para muitos, o ateísmo é equivalente ao comunismo? Mesmo porque, todos os dias através da mídia, são enviados aos crentes milhares e milhares de mensagens falando no amor a Deus, na salvação da humanidade e na felicidade eterna junto às benesses celestiais.

Embora algumas religiões continuem atuantes no curso do tempo, elas jamais poderão libertar-se do fato de que foram criadas pela imaginação humana e é a fé que as mantém vivas e ativas.

Fora de dúvida que a humanidade não pode perpetuar-se guiada pelas fraudes do fenômeno religioso. Estamos enfrentando o seguinte silogismo: qual das duas premissas corresponde à verdade? O criacionismo ou a evolução das espécies?

Noventa e oito por cento dos cientistas creem que tudo teve início com o Big Bang. A maioria das pessoas com alguma cultura científica também. Com toda a certeza, a ciência moderna já comprovou que a união dos átomos formou as moléculas, que por sua vez deram origem às substâncias e que terminaram por criar a vida. A certeza da teoria da origem das espécies de Charles Robert Darwin está imune de qualquer preconceito. Ficou comprovado que a Terra é redonda e gira em torno do sol. Hoje sabemos que o universo tem 13,8 bilhões de anos (aproximadamente). Hoje acreditamos na teoria da relatividade geral de Einstein. Enfim, a ciência comprovou que a vida é o produto, o resultado ou a consequência da evolução das espécies, e não da criação pelos deuses e, de forma alguma, de um sopro do Deus bíblico, que deu animação a uma figura de barro.

Apesar dessas realidades, grande parte da humanidade, e a quase totalidade das religiões, considera que os fatos mencionados não têm eficácia suficiente para apagar da mente verdades milenares, que vêm nutrindo a memória dos fiéis por séculos e séculos e que se cristalizaram no formato de idealizações permanentes.

De qualquer forma, nos parágrafos seguintes, haveremos de encontrar, paralelamente à atmosfera canônica, relatos de fatos suficientes para desacreditar os fundamentos que mantêm de pé qualquer religião.

Comecemos então pela história do papado com os respectivos crimes, com o registro de maus-tratos a crianças e de tragédias com mães solteiras e casos de tratamento desumano ocorridos em estabelecimentos hipocritamente religiosos. **A história da Igreja é também a história de crimes, de fornicações, de papas apaixonados, de pedofilia, de depravações e de falsidades de toda ordem.**

Após a prisão do antipapa Cristóvão, Sérgio III foi eleito em janeiro de 904. Sua má reputação era bem conhecida em Roma.[129] Ele apaixonou-se pela italiana Marózia, sua amante, filha de Teofilato, guardião do tesouro papal, com quem teve um filho. Antes de morrer, conseguiu que seu filho, com apenas 22 anos, se tornasse o Papa João XI, que morreu quatro anos depois. Por sua vez, o Papa Paulo III envolveu-se com os inefáveis prazeres de uma vida dissoluta, inventou o nepotismo e teve vários filhos naturais. [130]

Em 1377, o Papa Gregório XI, que residia em Florença, regressou a Roma. Após sua morte, em 1378 são eleitos ao mesmo tempo dois papas. Um governou de Roma e o outro se instalou em Avignon, na França. Essa separação foi denominada de "o Grande Cisma". Houve época em que papas tinham astrólogos. Era o caso de Júlio II, Leão X, Clemente VII e Paulo III. O Papa Benedito V morreu no desterro. Naquela época o papado transformou Roma em um grande centro cultural e político, tão repleto de beleza quanto de iniquidades e corrupção.[131]

O Papa Benedito IX (1033/1045) tinha 11 anos quando assumiu a direção do cristianismo. Aos 14 anos havia superado em imoralidade

---

129 *Breve história dos Papas*. P.C. Thomas. Editora Santuário. Aparecida-SP.

130 Conforme *Razão x Religião*. Obra citada.

131 Pepe Rodríguez. Obra citada.

todos os que o haviam precedido. O desregramento, além de dar-lhe satisfações, atendia a natural inclinação em direção à tendência inata do erotismo humano. A história dos papas diz que ele passava o tempo gozando a vida em meio a mulheres, pervertendo-se com libertinagens e com embriaguez. Sua conduta era um escândalo em Roma. O povo, furioso, o expulsou da cidade. Em seu lugar assumiu Silvestre III.[132]

A história do cristianismo sublinha que Alexandre VI foi o papa mais corrupto e desonesto da cristandade. Ele chegou à cátedra de São Pedro com subornos e assassinatos. Foi um papa devasso e famoso. Com 16 anos já era cardeal. Com pendores para o mercenarismo, comprou o voto de todos os cardeais para eleger-se papa. Foi pai de oito filhos ilegítimos, sete dos quais nascidos antes de ascender ao papado. Ele teve uma vida amorosa estável com a bela Giulia Farnese. Também foi dono de um verdadeiro harém. As orgias eram rotineiras. Alexandre prosseguiu com sua vida pecaminosa, devastando a riqueza da Igreja e se envolvendo até com prostitutas. Além disso, era um homem cruel. Assassinou seu próprio cunhado e obrigou sua irmã Lucrécia a casar-se com o duque de Ferrara. Ao saber do assassinato de um de seus filhos, lançou-se ao chão, batendo no peito e confessando seus crimes perante os cardeais reunidos. O favorito de Rodrigo Borgia[133] foi morto por ele, de baixo de seu manto de papa, de tal forma que o sangue borrifou-lhe o rosto. Cobiça, corrupção e libertinagem se constituíram em episódios ameaçadores à unidade do cristianismo.

O Papa Inocêncio III (1198/1216) decretou que todo o católico deveria se confessar e, pelo menos uma vez por ano, receber a Santa Comunhão. Foi ele quem definiu a doutrina da transubstanciação. Em sua época a Igreja estava atolada dos altares até as torres na ignomínia e no crime. O Papa Paulo III (1534/1549), ao

132 *Breve história dos Papas*. P.C. Thomas. Editora Santuário. Aparecida-SP.

133 Rodrigo Borgia era o nome civil do Papa Alexandre VI.

assumir seu primeiro ato como papa, foi enriquecer sua amante e seus filhos. Era um homem do mundo. Nomeou como cardeais dois de seus sobrinhos. Paulo governou mais como rei do que como papa. Antes de morrer em Roma, em 10.11.1549, disse: "Meus pecados me cercam".[134]

Quando o Papa Paulo IV morreu, em 18.08.1559, os romanos deliraram de alegria. Quebraram todos os monumentos e estátuas suas e libertaram os que estavam na prisão na condição de réus de processos inquisitoriais.

O mesmo papa de tendência nazista[135], já referido, colaborou com a duração do regime fascista na Itália, acertando com Mussolini a soberania do Estado do Vaticano através do Tratado de Latrão em 1929 e com o Reich alemão em 1933. Sem o apoio da Igreja, o fascismo não teria durado tanto tempo na Itália, afirmou Kertzer.[136] Houve papas que se mantiveram em silêncio frente aos regimes ditatoriais dos tempos da "Guerra Fria", e, incrivelmente, um deles permaneceu calado frente ao apelo e ao desespero dos condenados por crime de ideia pelo regime comunista cubano.

Pacelli, Pio XII, o Santo, homenageou o General Francisco Franco Bahamonde, *caudillo de España por la gracia de Dios*, com a mais alta condecoração do Vaticano: a Ordem Suprema de Cristo. Peregrinos patrocinados por Franco gritavam na Praça de São Pedro: "A Espanha pelo papa!", levando Pacelli a gritar em resposta: "E o papa pela Espanha!"[137]

---

134 *Breve história dos Papas*. P.C. Thomas. Editora Santuário. Aparecida-SP.

135 Pio XII.

136 David Kertzer escreveu um livro em que mostrou como Pio XII abraçou e largou o *Duce*. Vencedor do prêmio Pulitzer.

137 John Cornwell. *O Papa de Hitler – A história secreta de Pio XII*. Também: Richard Dawkins – obra citada.

22. E A DEVASSIDÃO TAMBÉM – EPISÓDIO II

O presente trabalho, com o intuito de relatar aspectos históricos das religiões, não poderia deixar de manifestar-se sobre fatos de barbarismo selvagem, desafiadores de toda a credibilidade referente às concepções humanísticas que, obrigatoriamente, deveriam integrar o espírito religioso.

Esta é uma história vergonhosa que envolve abrigos de menores, internatos de mães solteiras, casos de adolescentes tirados de famílias, ou que ficaram sem família. Trata-se de uma história desumana e de tal forma assombrosa que dificilmente teríamos condições de acreditar que tais fatos tivessem realmente acontecido. Não há como deixar de relatá-los pela conotação de estarem ligados a casos de abuso sexual, de escravidão, de sofrimentos, de tratamentos discriminatórios, que têm sido comuns nas casas assistenciais das instituições religiosas, motivo pelo qual devem ser denunciados, principalmente no que concerne aos católicos, não apenas porque eles têm o direito de saber o que acontece no antro de suas instituições, mas, de modo especial, porque violações dessa natureza raramente são levadas ao julgamento nos pretórios judiciais. Pelo contrário, a não ser o papa anterior, que foi tragado pelo insólito corporativismo religioso, e o atual, Papa Francisco, o único até nossos dias que deliberou tomar providências para fazer cessar essa nódoa de depravação que vem há séculos contaminando sua Igreja. **Por essas razões todas, a história da Igreja é também a história de seus crimes.** Os relatos que se seguem foram colhidos em revistas e jornais no decurso dos últimos 20 anos. Preparem seus corações.

Seguidamente, a mídia mundial relata fatos ocorridos na Irlanda. São casos deprimentes da história da Igreja Católica daquele país. Corpos de 796 crianças foram encontrados ao lado de um convento. Tratava-se de esqueletos de crianças descobertos ao lado de um antigo convento católico de Tuam (Oeste da Irlanda). A historiadora Catherine Corless, ao investigar arquivos do abrigo de menores, descobriu que crianças de até 8 anos foram enterradas sem caixão, numa fossa séptica transformada em vala comum no convento Santa Maria, administrado por freiras do Bom Socorro. O nome sanciona um despropósito inacreditável. De acordo com estudos, as crianças morreram de doenças infecciosas, como sarampo ou tuberculose. Segundo as notícias, a doutrina conservadora católica da época negava aos pequenos o batismo e o enterro em cemitérios católicos. A instituição era um dos lares para mães solteiras e filhos expostos existentes na Irlanda desde inícios do século XX. Frequentemente, as mulheres eram obrigadas a dar os bebês para a adoção. Essa história chocou a Irlanda e o mundo. Uma análise de DNA realizada em pequena quantidade dos restos mortais revelou que a idade das vítimas variava de 35 semanas a dois ou três anos. A congregação foi suspensa pelo Vaticano em 1961.

Também na Irlanda um inquérito das Lavanderias de Maria Madalena – todas têm nomes de santos – trouxe à tona o martírio vivido por milhares de jovens nos conventos e asilos do país. Nesses locais, as mães solteiras, que eram órfãs ou simplesmente eram vistas como "namoradeiras", foram durante décadas sujeitas a trabalho escravo e a violências físicas e psicológicas.[138]

138 *Correio do Povo*. 04.03.2017. "Irlanda. Crimes esquecidos".

Foram acontecimentos deploráveis que ocorreram fora das quatro paredes do Vaticano. Mas também é importante, como continuação da narrativa, que se registre o que vem ocorrendo nos intramuros do mais importante estabelecimento do cristianismo. Frédéric Martel, escritor, pesquisador, jornalista e também apresentador de um programa na France Culture, é autor de um best-seller denominado *No armário do Vaticano*, que tem o subtítulo de *Poder, hipocrisia e homossexualidade*.[139] O título original é *Sodoma – Investigação no coração do Vaticano*.[140] Trata-se de um trabalho abrangente que expõe a decadência da maior instituição do cristianismo, tendo como causa a devassidão existente em seu seio. A investigação, conforme a apresentação do livro, afirma que o Vaticano abriga uma das maiores comunidades de homossexuais do mundo.

Revela, igualmente, a hipocrisia dos que pregam a moral e, ao mesmo tempo, têm companheiros, aventuras e, por vezes, acompanhantes pagos. E continua: "Há cada vez mais homossexuais quanto mais subimos na hierarquia católica". A homossexualidade é a regra. A conduta compatível com os postulados católicos, a exceção. Quanto mais a Igreja se pronuncia contra o homossexualismo, mais homossexuais enchem seus templos. A investigação de Martel se estendeu por inúmeros países do mundo. A Associated Press definiu o livro como surpreendente.

O Papa Bento XVI perdeu a batalha em sua luta contra os casos de pedofilia. O vaticanista americano Robert Carl Meckens afirmou sobre esse assunto que ***a Igreja é a organização que mais mente no mundo***.[141]

O ex-padre de Foz do Iguaçu, Marcelo da Luz, afirmou que a pedofilia "é uma corrupção da perversa realidade do Sistema Clerical". Em seu livro (*Onde a religião termina?*) faz uma longa descrição

139 Editora Objetiva (Schwarcz S.A. – Rio de Janeiro).

140 Tradução livre.

141 Martel: *No armário do Vaticano.*

sobre a pedofilia reinante no seio da Igreja. Menciona, outrossim, que, apenas nos Estados Unidos, 5 mil padres foram acusados de abusarem de mais de 13 mil vítimas entre 1950 e 2005. O jornal dos Estados Unidos *The New York Times* publicou notícia sobre o padre Lawrence C. Murphy, que cometeu abusos contra cerca de 200 meninos surdos em uma escola para alunos de necessidades especiais. O fato foi levado ao conhecimento do Cardeal Joseph Ratzinger em 1996, quando era Prefeito da Sagrada Congregação da Doutrina e da Fé. O cardeal engavetou a denúncia e o autor dos estupros morreu sem prestar contas à humanidade pelos crimes que cometeu. Casos de abuso sexual costumam ser abafados pelos bispos superiores. Essa, possivelmente, seja a principal razão da continuação da delinquência, principalmente quando envolve menores problematizados.

A Igreja Católica do Texas divulgou o nome de 300 padres acusados pelo abuso de crianças. A Justiça chilena investiga 158 casos de abuso sexual que envolvem 219 membros da Igreja e que teriam deixado 241 vítimas, 22 das quais menores, entre eles um abuso sexual cometido há 50 anos pelo arcebispo chileno Bernardino Piñera. Cinicamente, a Nunciatura chilena afirmou que estava em contato com a pessoa que apresentou a denúncia e *ao mesmo tempo estamos agindo com respeito ao princípio de inocência.*[142]

Em 2021, uma comissão independente estimou que cerca de 216 mil menores foram vítimas de abusos por sacerdotes e religiosos na França entre 1950 e 2020, número que se eleva a 330 mil se forem incluídos os trabalhadores de instituições religiosas.

A Igreja Católica da República Dominicana pediu investigações e sanções contra padres acusados de pedofilia e contra o núncio do Vaticano no país, Jozef Wesolowski. A situação vem preocupando e envergonhando a Igreja, que habitualmente nada faz. Até parece, tendo em vista a multiplicação desses fatos escabrosos, que apoia.

---

142 Na atualidade, o princípio da inocência serve mais para absolver, como também conseguir a prescrição, em relação a crimes praticados por personagens de alguma importância social.

A Igreja Católica confirmou 620 casos de abusos sexuais contra menores cometidos na Austrália por sacerdotes desde a década de 1930. O Arcebispo de Melbourne, Denis Hart, classificou de horríveis e vergonhosos os números que aparecem em um relatório entregue para a comissão que investiga no Parlamento do Estado de Victoria casos de pedofilia cometidos em várias ordens religiosas.[143]

No Canadá, o papa pediu desculpas pelo genocídio de crianças indígenas, fato ocorrido num internato infantil.[144] Por sua vez, o jornal *O Sul*, de Porto Alegre, registrou que a Igreja Católica vai pagar US$ 16,5 milhões para 400 adultos que disseram ter sido abusados no Canadá e na Irlanda de 1950 a 1980.[145] Os jornais também noticiaram abusos sexuais contra menores ocorridos no Paraguai e na Argentina. Enquanto isso, na Alemanha, um relatório independente denunciou que 610 crianças foram vítimas de abusos sexuais cometidos por religiosos na cidade de Münster durante 75 anos. O número real pode chegar a 6 mil vítimas. Foram identificados 96 clérigos que nunca foram processados. O relatório indica que foram cometidos, em média, dois atos de pedofilia por semana, nas décadas de 1960/1970.

Um jornal brasileiro[146] relatou fatos, quase inacreditáveis, que ocorreram em Mendoza, na Argentina. Inicia com a freira Kosaka Kumiko, que no início de uma entrevista afirmou: "Sou uma boa pessoa que entregou a vida a Deus". Ela estava vestida com hábito religioso quando foi presa e algemada, no dia 5 de maio de 2017. A história dessa religiosa é impressionante. O jornal continua:

Por seis anos, ela foi a encarnação do demônio para dezenas de crianças vítimas de estupros cometidos por padres no Instituto Antonio Próvolo, de Mendoza, Argentina. O relato das vítimas, hoje adultas, é

143 *O Sul*. 23.09.2012.

144 *Folha de S.Paulo*. 26.07.22.

145 *O Sul*. 24.05.2013.

146 *Zero Hora*. 16.05.2017.

daqueles de estragar o café da manhã, capazes de nos fazer perder ainda mais – se ainda tínhamos – a crença na humanidade.

Eram crianças surdas e muito pobres atendidas no instituto da Igreja Católica. Primeiro a freira Kumiko batia nas crianças para testá-las. Aquelas que resistiam se salvaram. As que eram submissas acabavam sendo levadas aos padres criminosos. Uma adolescente contou que foi acorrentada e após violentada por quatro religiosos ao mesmo tempo.

Outra descreveu que, enquanto confessava os pecados, o bandido travestido de sacerdote a tocava. Quase sempre acontecia em um sótão, na sala que os abusados chamavam de "a casinha de Deus". Tudo começou em 2006. A clínica só foi fechada recentemente, graças aos relatos corajosos de 20 vítimas.

Segundo o jornal *El País*, na Argentina, país do Papa, há 62 padres denunciados por abusos sexuais desde 2002. Num caso paralelo, o Papa Francisco admitiu que padres e bispos abusaram de freiras que eram consideradas como escravas sexuais.

Nestes últimos meses, Portugal apareceu no mapa do abuso infantil. Pelo menos 4.850 menores foram vítimas de abuso, de acordo com a comissão de investigação, que apresentou suas conclusões em fevereiro de 2023.[147]

A Justiça brasileira condenou 60 padres da Igreja Católica pelo crime de pedofilia.

O jornal italiano *La Repubblica* publicou uma matéria com o seguinte título: **"Rede de sexo e corrupção do Vaticano levaram à renúncia do papa".** Entre outros fatos afirmou que um dos homens de Sua Santidade, uma espécie de assistente de elite para visitas importantes, foi flagrado pela polícia dando instruções a um proxeneta sobre detalhes físicos de homens que gostaria que fossem levados a ele (Angelo Balducci). Os encontros sexuais ocorriam em uma vila fora

147 *Zero Hora*. 14.12.2023.

de Roma, em uma sauna, em um centro estético, no Vaticano, e em uma residência universitária.[148]

Realmente, o Papa "Emérito" Bento XVI pediu aposentadoria ao se dar conta de que não podia fazer nada para impedir a continuação dos abusos. Ele se sentiu abandonado por cardeais, bispos e padres em sua disposição de dar um basta aos recorrentes casos de pedofilia que vêm contaminando a Igreja. O corporativismo foi mais forte que o Papa. Isso ficou claro em 2010, na Irlanda, onde se descobriu que milhares de crianças haviam sido abusadas por sacerdotes, entre 1996 e 2009, com o silêncio cúmplice dos bispos.[149] Os processos não chegaram a nenhum resultado. É um estigma vergonhoso. Pobre do diabo. Quanta história maldosa a Igreja inventou a seu respeito. O falso conceito do diabo sustenta algumas religiões.

Conclui-se, infelizmente, que os maiores acontecimentos do cristianismo não foram as missões evangélicas, mas sim as histórias de crimes de seus evangelizadores.

Todos esses crimes guardam semelhança com a história exibida pelo filme *Spotlight*, que denunciou que a Igreja acobertava os seus criminosos. O filme termina exibindo uma lista de cidades do mundo onde ocorriam fatos semelhantes.

Como podem mentiras enganar a humanidade por séculos? Então, é verdade que **"a religião é uma superstição das trevas"**, como afirmava Voltaire?

Muito pior que superstição das trevas foi o que aconteceu no antro de perdição de algumas igrejas, cujas taras dos chefes, transformados em sanguinários estupradores, vinham amortecendo suas concupiscências, violentando centenas e centenas de meninas impúberes, sexualmente imaturas, com idades variáveis de 12 a 16 anos.

148 *O Sul*. 22.02.2013.

149 *Veja*. 20.02.2013.

Estamos fazendo referência à Igreja Fundamentalista de Jesus Cristo dos Santos dos Últimos Dias, fundada por Joseph Smith em 1830, cujo traço principal era o de permitir a prática da poligamia pelos devotos, denominada de casamentos plurais. Seus ensinamentos têm por base a doutrina de Jesus Cristo. Uma vertente denominada mórmon dava realce à poligamia como instituição divina. Quanto mais casamentos, mais santos se tornavam os participantes. Seus dirigentes eram denominados de profetas e, por tal, considerados legítimos representantes de Deus na Terra. Como falavam em nome de Deus, suas decisões eram definitivas. As mulheres não tinham alternativa, simplesmente obedeciam em caráter incondicional.

Embora o fundamentalismo religioso possa ser considerado uma fábrica de perturbados mentais, no caso dos mórmons, a velhacaria libidinosa ultrapassou todos os parâmetros do comportamento humano. A lei norte-americana considerava, e considera, crime as relações sexuais antes dos 16 anos e, concomitantemente, proibia a poligamia. Via de consequência, os fundamentalistas mórmons tinham plena consciência dos crimes que estavam praticando e, para dar cumprimento a uma falsa devoção, com origem na libido insaciável de monstros delinquentes, transformaram a igreja numa alcova de alucinados violadores da integridade virginal de garotas ingênuas submetidas à voluptuosidade de velhos depravados.

O profeta criminoso se chamava Warren Jeffs. Só ele abusou de 67 crianças, algumas com 12 anos e a grande maioria com menos de 16 anos.

Os estupros eram realizados num enorme quarto, impecavelmente branco, integrado no templo, que era considerado a Casa de Deus. As violações eram feitas em unidade com Deus e até com invocação de bênçãos de Jesus Cristo. As virgens só tinham um dever: rezar e obedecer.[150] Os próprios pais diziam aos profetas: "Aqui está a minha filha, faça o que quiser com ela". O pai de Jeffs, também

150 Vejam o documentário *Rezar e Obedecer*, na Netflix.

profeta, chamava-se Rulon. Faleceu com 85 anos. Foi casado com meia centena de mulheres. Bastava dizer: "Você vai casar comigo". As vítimas, aterrorizadas, invariavelmente obedeciam. Sua última esposa tinha 19 anos, e ele, 85. Consumado o ato, ele obrigou a vítima a levá-lo ao banheiro para lavá-lo. Ele não passava de um sacrílego repugnante.

Enfim, a polícia invadiu a cidade dos mórmons, instaurou um inquérito criminal, tendo Warren Steed Jeffs sido condenado, em 29 de agosto de 2006, por agressão e abuso sexual de crianças, à prisão perpétua, em regime fechado até 100 anos. Os demais estupradores passaram incólumes. Apesar de tudo que aconteceu, mesmo condenado, milhares de fiéis ainda creem nele. A perversão prevaleceu.

Por essas razões todas, vale lembrar a frase do promotor do filme argentino *1985*, que revelou a conduta criminosa e punições de comandantes militares argentinos aos tempos da ditadura dos generais:

O problema é convencer a gente de que temos razão.

23. A IGREJA PEDE PERDÃO

De erro em erro, de perseguição em perseguição, de fornicação em fornicação, a Igreja do século XX pede perdão por seus erros históricos. Mas qual a justificativa para uma Igreja que em 1789 negou-se a assinar a Declaração dos Direitos do Homem? Depois de condenar livres-pensadores, de perseguir judeus durante toda a história do cristianismo, de dar vazão aos seus apetites concupiscentes dentro e fora do Vaticano, de se aliar aos governos promotores de ditaduras criminosas, de firmar concordata com a Alemanha Nazista, de abençoar as tropas italianas que iriam invadir a Abissínia, de se envolver numa série de negócios escusos do Banco Ambrosiano, quais as justificativas que poderiam ser invocadas para pedir perdão? Os responsáveis pelas abomináveis delinquências estão mortos. Já não podem perdoar nem ser perdoados. **E quanto às vítimas, às famílias das vítimas, e quanto à perda de conceito social na época, e quanto aos ultrajes e atos de indignidade praticados contra pessoas inocentes? Como perdoar, se hoje não é possível restaurar a dignidade perdida das famílias que não existem mais?**

Por esse comportamento desairoso, a Igreja acabou levando uma exemplar lição dos índios brasileiros, que não aceitaram um pedido de perdão tão hipócrita, pois nada poderia ser reparado. É de pasmar que, nestes dois mil anos, bem poucos santos tivessem exercido a missão apostólica da Igreja em favor dos oprimidos. Um deles foi o frade São Francisco de Assis, fundador da Ordem Mendicante. Ele optou por uma vida religiosa de completa pobreza. Dante Alighieri disse que ele foi uma luz que brilhou sobre o mundo. Igualmente, foram muito poucos os prelados defensores da liberdade de culto e de pensamento. E aqueles que se atreveram foram condenados às labaredas anti-heréticas dos Autos de Fé.

Os silvícolas brasileiros tinham integral razão quando rejeitaram o pedido de perdão. Em discurso pronunciado em Porto Seguro, local da comemoração dos 500 anos da descoberta do Brasil, o índio Jerci Adriano Santos de Jesus manifestou-se sobre as dores sentidas por seu povo, com as seguintes palavras: **"Quantos anos de sofrimento, de massacre, de exclusão, de preconceito, de exploração, de extermínio de nossos parentes, de estupro de nossas mulheres, de devastação de nossas terras, de nossas matas, que nos tomaram com a invasão".**[151]

O Papa Francisco viajou ao Canadá para pedir desculpas por ação da Igreja Católica em genocídio de crianças indígenas. Ele se disse envergonhado pela prática de assimilação cultural. Igualmente, pediu perdão em relação a abusos cometidos em internatos católicos onde milhares de crianças morreram, a maioria de subnutrição, doenças e negligências. Como justificar tratamentos tão desumanos?

Em 03.03.2023, a Igreja Católica de Portugal pediu perdão por agressões sexuais cometidas por religiosos. Um relatório independente expôs milhares de abusos cometidos durante mais de meio século. Mas o que adianta pedido de desculpas por males que foram feitos e jamais reparados?

O Papa Francisco prometeu tolerância zero a clérigos envolvidos em pedofilia. Foi ele quem mandou prender o ex-arcebispo Jozef

151 Omar Ferri – *Razão x Religião*.

Wesolowski, acusado de dar dinheiro para crianças em troca de sexo. Também destituiu um bispo paraguaio acusado de proteger um padre envolvido em abuso sexual.

Não é a fé que explica a origem do homem. É a biologia. Se as histórias das religiões fossem verdadeiras, existiria apenas um Deus e uma só verdade. **Quanto mais inculto, mais religioso é o homem. Os países mais adiantados são os menos clericais.**

Geralmente, as teorias religiosas são carentes de explicações lógicas. Como uma religião pode investir contra o erotismo? Qual a moral adotada na atualidade pelo Vaticano que possa proibir seus sacerdotes de se casarem? Os que se afastaram para se casar não raro foram vítimas de excomunhão, mas, quanto à pedofilia, via de regra as investigações são engavetadas.

O fato de os papas terem amantes e viverem na libertinagem e o caso de os clérigos serem pedófilos ou viverem em pleno homossexualismo nos levam a crer que os que sobram sejam experts em masturbação.[152]

A natureza humana contém componentes eróticos que se exprimem através do amor e que se completam com o êxtase sexual. O erotismo é um sentimento inato do ser humano. Portanto, ninguém pode impedir a plena realização das normais sensações da sexualidade espontânea dos seres vivos. Nessas condições, o celibato se converte numa incompatível e inútil contenção das manifestações inspiradas pela sensualidade.

Embora hoje a Igreja seja dona de uma das maiores imobiliárias do mundo, os filhos "bastardos" não herdam mais. Por uma medida de higiene teológica, o dogma do celibato deve ser extinto. Só dessa maneira os desvios de conduta poderão ser reprimidos e os sacerdotes ficarão livres para amar normalmente como todos nós. Dessa maneira seriam evitadas as maldades diabólicas dos abusos e estupros contra

152 Informação dada por um seminarista, amigo do autor.

menores e até contra freiras. Se ouvissem nossas súplicas, diríamos: "Libertem os padres e as freiras dessas contingências insuportáveis. As 'esposas' de Jesus não podem viver como prisioneiras, ou como escravas sexuais, dentro das quatro paredes dos claustros dos conventos produtores de pessoas inadaptadas para servir a comunidade. São os escândalos que envergonham a religião. Não ousamos afirmar que as Igrejas são criadoras de patologias, mas não andam muito longe disso. Humanizem as Igrejas, humanizem os monges e as monjas. São pessoas iguais a nós. Civilizem as paróquias. Lutem pelo bem-estar de todos. Por favor, sigam os ensinamentos de Jesus sem as condicionantes do espírito medieval religioso. A Igreja deveria ser do povo, pelo povo e para o povo. Em resumo, também dos pobres, dos injustiçados e dos perseguidos. **Com adoção desses princípios, os clérigos estarão realmente seguindo os ensinamentos daquele que injustamente foi pregado numa cruz para pagar os pecados da humanidade, a começar pela conduta delituosa de seus discípulos.**

Terminem também com a confissão. Em primeiro lugar, porque é uma violação à integridade e dignidade do ser humano. Em segundo lugar, porque a confissão não melhora a tendência pecaminosa dos frequentadores do confessionário. A confissão é um dogma hipócrita. Foi estabelecida por um papa com o objetivo de controlar a comunidade dos crentes, submetê-los aos desígnios dos confessores e, enfim, assustá-los com as inextinguíveis chamas infernais".

24. EM RESUMO: A RELIGIÃO

As histórias contadas pela Bíblia foram histórias inventadas pelo homem (a criação); foram histórias de desobediência (Eva e a maçã); de crimes (Caim matou Abel); de um mundo que ficou devasso (então Deus mandou o dilúvio e tempestades de fogo); de condições análogas à escravidão (Deus era escravocrata). A mitologia bíblica narra as pragas do Egito (por vontade exclusiva de Deus). De mentiras (seiscentas mil pessoas vivendo no deserto se alimentando com maná durante 40 anos. Os desertos não têm água e não produzem maná); de um Deus contraditório (o quarto mandamento dizia "não matar". No dia seguinte mandou matar 23 mil hebreus); de um Deus guerreiro (orientou todas as guerras do Antigo Testamento); de um Deus incompetente (um ser perfeito não pode criar uma humanidade imperfeita); que mandou um filho para salvar o gênero humano (a humanidade embarafustou-se no pecado); que seu filho predileto, sobre o qual Ele pôs todas as suas complacências, disse: "Deixai vir a mim as criancinhas, porque delas é o reino dos céus", então suas Igrejas promoveram a pedofilia; que seu filho disse que é mais fácil um camelo passar pelo buraco de uma agulha do que um rico entrar para o reino dos céus (a igreja prefere a convivência com os ricos); permitiu que em seu nome fossem fundadas três religiões (todas têm pós-graduação em ódios, guerras, violências, escândalos e assassinatos); que uma de suas religiões instituiu celibato (ao mesmo tempo em que suas instituições promoveram a fornicação, e seus prelados, as relações promíscuas); seu filho proclamou: "Esta é a casa de meu pai e é casa de oração e vós fizestes dela um covil de ladrões" (suas instituições se transformaram num antro de corrupção e suas edificações em estabelecimentos de tolerância); Cristo disse: "Aqueles que têm sede de justiça serão saciados" (no início a Igreja perseguia, torturava e torrava heréticos nos fogos do Santo Ofício. Agora prefere ficar ao lado dos responsáveis pelas injustiças). Tendo como causa esses fatos, nós preferimos ser ateus a ser religiosos hipócritas.

25. CHEGANDO AO FIM

Por observações comuns, é viável ponderar que a maior parte da comunidade humana considera que os esclarecimentos científicos não contêm eficácia suficiente para perturbar o combustível alimentador das religiões. De fato, elas vêm mantendo sobrevivência, mesmo frente ao atual estágio da ciência, melhor dizendo, do conhecimento.

Afirmamos, anteriormente, que introjetaram em nossa mente desde a tenra idade as sementes caóticas das árvores religiosas. É fato indesmentível que as religiões existem há milhares de anos. Todavia, nesse espaço de tempo, também existiram e desapareceram milhares de teologias e milhares de deuses. Centenas delas foram eliminadas pelas religiões dominantes e, enfim, as que hoje existem, como já referimos, é porque têm registro de nascimento (Bíblia, Evangelhos, Alcorão, Kama Sutra, Rig Veda, Bramanas, Upanixades, Bhagavad Gita, Tantras, Mantras etc.).

As religiões sobrevivem mantidas por interesses estratégicos das nações hospedeiras. O cristianismo e o islamismo são as duas mais importantes religiões do mundo. Os imperadores, por interesses relacionados à hegemonia política, transformaram o cristianismo em religião oficial. No Ocidente, todos são cristãos. A religião forma uma congregação que mantém os países associados pelos princípios religiosos. No que concerne aos países muçulmanos, não existem discrepâncias. O islamismo também os mantém unidos pelos mesmos princípios. Os Estados muçulmanos jamais foram tolerantes. Perversamente, renunciaram à constitucionalidade, para se converterem em Estados teocráticos.

As nações sabem que as religiões contêm algum grau de falsa espiritualidade. É seu componente emotivo. Os Estados sabem explorá-lo. Em outras palavras, as crenças fazem parte da essencialidade humana, mesmo porque, nestes últimos tempos, a excitação religiosa vem tendo um triunfal retorno: "Católicos e protestantes, muçulmanos e judeus, sunitas e shiitas, todos demonstram seu acrisolado amor a Deus massacrando-se uns aos outros".[153] Einstein complementou o argumento com sua célebre frase: "Tristes os nossos tempos, em que é mais fácil desintegrar um átomo do que um preconceito".

As religiões vêm resistindo aos avanços da cultura e da ciência. Por que razão, nesses milhares de anos, elas não contribuíram para melhorar o caráter do homem e o entendimento entre os povos? A resposta é de uma clareza solar. Simplesmente porque todas fracassaram. **O fracasso comprova tanto a inexistência dos deuses quanto a falsidade das religiões. As religiões atingiram hoje um anormal patamar de enganosa espiritualidade, que tende mais para um fenômeno sociopatológico do que para um verdadeiro sentimento religioso.** Stendhal referia que "o que desculpa Deus é o fato de não existir".

Todo homem que teme a Deus teme também a verdade e fica horrorizado face à verdade científica. Nesse momento ele substitui a razão pela fé. Não foi por outro motivo que Machado de Assis afiançava: "Os chapéus entram na cabeça mais facilmente que as ideias".

E, quando os religiosos não encontram respostas lógicas para interpretar incongruências bíblicas, como, por exemplo, os mitos a respeito da narrativa quimérica do paraíso, da desconexa criação de

153 Tony Parsons. Revista *Elle*. Inglaterra.

Adão e Eva e do inverossímil pecado original, são impactados pela resposta definitiva de Richard Dawkins: "Então Jesus fez-se ser torturado e morto por um pecado simbólico cometido por um indivíduo inexistente?"

Nesse sentido, Drauzio Varella complementava: "Não sou religioso. Respeito todas as crenças, mas os religiosos não têm nenhum respeito pelas pessoas sem fé. Quando digo que não tenho religião, acham que sou imoral. É como se eu tivesse parte com o diabo". A continuação é de Guimarães Rosa: *Se todo animal inspira ternura, o que houve então com os homens?* Para uma resposta correta, devemos apelar para Stefan Zweig: *Sempre as pessoas que dizem de antemão que lutam em nome de Deus são as pessoas menos pacíficas do mundo. Como creem que receberam mensagens celestiais, têm ouvidos surdos para qualquer palavra de humanidade.*

Neste ordenamento, é interessante ouvir o juízo de um dos maiores defensores dos Direitos Humanos Universais e da luta pela independência de seu país, Mahatma Gandhi: *Quando leio os Evangelhos, eu me sinto cristão. Mas, quando vejo cristãos fazendo guerras, oprimindo os colonizados, enriquecendo, bebendo álcool e fumando ópio, eu me dou conta de que eles não vivem de acordo com os Evangelhos.* André Petry, da revista *Veja*, registrou que: "Nos 50 mil anos de história na terra, jamais surgiu prova de que a morte não é o fim da linha, mas nunca deixe de acreditar nessa possibilidade", isso porque "Deus é um ser mágico que veio do nada, criou o Universo e tortura eternamente àqueles que não acreditam nele, porque os ama".[154]

Fernando Verissimo, escritor gaúcho, não deixou por menos: "Qualquer coisa pode ser uma mensagem de Deus se você está disposto a acreditar em qualquer coisa". George Bernard Shaw rematava: "O fato de um crente ser mais feliz que um cético não quer dizer muito mais que o fato de um homem bêbado ser mais feliz que um sóbrio", pois, **"quando uma pessoa sofre um delírio, isso se chama**

154 Stern Knight.

insanidade. Quando muitas pessoas sofrem um delírio, isso se chama Religião".[155]

Antes de finalizar este capítulo, necessário que relembremos Einstein: "A imaginação é mais importante que o conhecimento. A palavra Deus para mim é nada mais que a expressão e produto da fraqueza humana e a Bíblia não passa de uma coleção de veneráveis, mas ainda primitivas lendas."

Einstein não excluiu o judaísmo. Ele admirava e amava o seu povo, mas não acreditava que eles fossem escolhidos com a exclusão dos demais povos.

"Para mim, a religião judaica, como todas as outras religiões, é uma encarnação da superstição mais infantil. Eu não consigo ver nada escolhido sobre eles. Somente duas coisas são infinitas, o universo e a estupidez humana, e não estou muito certo quanto ao universo."

Inobstante, ouso a complementar esta última dúvida de Einstein: em seu movimento de expansão, ao mesmo tempo em que o universo cria espaço, ele acrescenta um período de tempo correspondente. Por dedução, o espaço existe, independentemente do espaço/tempo conquistado pelo Big Bang. Via de consequência, o espaço externo ao Big Bang é infinito e, seguramente, poderão existir bilhões e bilhões de universos compostos por matéria igual à nossa, ou por matéria escura, não bariônioca[156], ou por matéria de qualquer natureza, sem que tenhamos condições de defini-la.

Por essas razões, cabe uma indagação: será que um pregador inflamado por doutrinações delirantes tem mais discernimento do que um Charles Darwin, o iluminista da biologia humana, ou do que um Einstein, criador da física cósmica universal?

---

155 Novamente Richard Dawkins.

156 Não bariônica significa que não é formada por elétrons ou átomos.

26. A VIDA

Não sou religioso. Não acredito em religião que propaga a palavra do profeta, mas não segue seus ensinamentos. As codificações religiosas traíram as mensagens do evangelizador de Nazaré. A igualdade proclamada por Jesus Cristo não conseguiu sensibilizar a comunidade hebreia e continua sendo hoje apenas uma expressão retórica. A Igreja sempre esteve ao lado do sistema opressor. Ao tempo do Império Romano, na condição de categoria estatal, foi concomitantemente cúmplice dos escravocratas. Na Idade Média formou com a Nobreza e com os Exércitos uma tríplice aliança, uma espécie de Santíssima Trindade Feudal com o propósito de explorar os servos da gleba cotidianamente submetidos a trabalhos extenuantes, cuja produção era apropriada pelas classes de cima, ao mesmo tempo em que as durezas da vida faziam escorregar lágrimas pelos sulcos doloridos das faces que reluziam os tremores e o choro de filhos famintos. Quando os feudos eram adquiridos por outros senhores, como qualquer espécie de mercadoria, os agregados se tornavam propriedade dos compradores. O sistema opressivo era mantido. As tragédias só tinham fim quando seus cadáveres eram devorados pelos vermes das sepulturas a quatro palmos abaixo das terras que cultivavam.

Em nossos dias, as hierarquias sociais ocupam o lugar da nobreza. Como consequência, a miséria e a doença estão perigosamente se alastrando pelos "quatro cantos" da Terra. Passados dois mil anos, as palavras atribuídas a Cristo não sensibilizam de nenhuma maneira os sentimentos dos dominadores e, **quando os povos do Terceiro Mundo passaram a exigir Justiça Social, entraram em cena as milícias oficiais, sob o pretexto de salvar a civilização ocidental e cristã.**[157]

Por que as Igrejas que se dizem cristãs – excitadas por ódios bíblicos – usam os púlpitos dos templos para execrar os abomináveis crimes das ditaduras marxista-leninistas, ao mesmo tempo em que silenciam, e até apoiam, encobertas por uma redoma de posturas cínicas, as truculências, os crimes e as violações dos direitos humanos praticados pelas ditaduras de direita, geralmente comandadas por militares responsáveis pelos rios de sangue que infectaram as *veias abertas da América Latina*?

Os humanistas, os livres-pensadores, aqueles que acreditam no laicismo social, exigem o Estado de bem-estar durante a vida. Aliás, como pregam as constituições dos povos civilizados. **A igualdade, como decorrência da morte, tem o significado de traição à dignidade da vida.** Viver a vida funda-se no direito de vivermos de acordo com nossas aspirações. A felicidade humana somente existe durante a vida e sem vida não há felicidade. Nenhuma religião tem o direito de inverter esses conceitos.

Os ateus não aceitam as teorias religiosas porque elas não explicam o mundo de maneira racional. É teoria teológica vazia afirmar que Deus criou o mundo sem antes ter provas de que ele realmente tenha existido. Não precisamos de pregadores da morte. A vida é a resposta dada pela nossa condição humana no sentido biológico-sociológico. Não existe nenhuma garantia de bem-aventurança em

157 As milícias oficiais dos Estados opressores são denominadas de Forças Armadas, ou melhor dizendo: Forças Desalmadas.

outro mundo. Nascemos, crescemos e morremos. Essa é a lei universal. Milhões de deuses criados pelo homem nasceram e morreram. Vivemos no espaço-tempo. As religiões apenas se interessam pelo lado de lá – que não existe – e, quando se manifestam em relação ao mundo daqui, têm como objetivo fundamental abocanhar o vil metal para empoderar-se. Para as Igrejas, a riqueza do mundo. Para seus clérigos, o dinheiro dos pobres. Os oligarcas apenas contribuem em atenção a seus propósitos de ludibriar a humanidade, ou devolver como esmola parte do muito que rapinam. Os céticos, os ateus, os agnósticos, os livres-pensadores, praticamente a totalidade dos cientistas aspiram a igualdade entre as nações e a fraternidade entre os povos. **Se não for assim, consagraremos a derrota de uma aprazível convivência e a vitória da decomposição do organismo social.**

Não podemos deixar de atribuir à imaginação a característica da infinidade. Foi a imaginação fértil dos homens que criou deuses infinitos. Foi a imaginação dos humanos materiais que criou os espíritos imateriais. (**A imaginação é que é infinita, não os deuses.**) Para o neurologista britânico Adam Zeman, a imaginação é nosso superpoder: ***Ela está praticamente presente em todos os processos mentais, da percepção à consciência, passando pelo aprendizado. A imaginação nos dá também a capacidade de viajar no tempo, revisitando o passado e ensaiando situações futuras, o que está na base do aprendizado, do treinamento e da estabilidade (ou instabilidade) emocional.*** Deduz-se, como consequência, excluindo qualquer possibilidade de erro, ter sido a imaginação responsável pela criação de paraísos, céus, infernos, limbos, casas dos espíritos, moradas dos deuses e tudo o mais no que concerne ao misticismo esotérico, como, por exemplo, ver e falar com os espíritos e até na abdução pelos discos voadores. O sol nunca girou em torno da Terra. A Terra nunca foi plana. Conclui-se, em consequência, que não passam de conjecturas carentes de veracidade e também incoerentes, pelo simples fato de terem origem no desconhecimento das questões astronômicas. É a ciência, conduzida pela razão e pela lógica científica, que vem descobrindo os segredos do universo, da matéria, do átomo, da multiplicação e evolução das espécies e assim por diante. **A contribuição da ciência é de tal forma importante que é através de suas teorizações que conseguimos superar os dois mil anos de obscurantismo aristotélico/ptolomaico.**

Estamos sempre nos libertando. O ceticismo e as ideias laicas ajudaram a nos libertar das religiões. As ideias humanistas ajudaram a nos libertar dos regimes tirânicos. As posturas de independência e a busca de autoafirmação nos libertaram do jugo familiar. O impulso sexual deu-nos a liberdade corpórea. É assim que caminha a humanidade. Com o tempo e com a evolução da ciência, o homem vai se libertando dos embaraços obscurantistas.

Que expliquem os deuses o aparecimento do mal. Se eles criaram o mundo, se eles criaram o homem e se eles são onipresentes, oniscientes, eternos, e se eles têm os poderes para ser o princípio e o fim de todas as coisas, não deviam ter criado a humanidade com os defeitos da imperfeição. Não venham os teólogos dizer que nós temos livre-arbítrio, que temos a liberdade de conduta e que o mal surge por nossa opção. Essas desculpas não excluem os erros das divindades. Portanto, por qualquer ângulo que examinarmos a questão, o erro será sempre dos deuses.

Inobstante, estamos perdendo as esperanças ao verificar que a Terra está moribunda. A miséria e a fome se alastram em proporções catastróficas. Com toda certeza, essas calamidades decorrentes das desgovernanças vão acabar nos roubando a alegria de viver.

27. A ALMA

A alma é uma invenção dos tempos do animismo e do totemismo. Tudo o que tinha vida tinha *anima*, isto é, alma. Ela pode ser definida como o maior absurdo da fenomenologia religiosa de todos os tempos. **A existência de deuses é a mais improvável dedução do conhecimento humano.** O engano tem origem no deficiente desenvolvimento do ensino, que, fossilizado por cegueira anacrônica, vem se mantendo por todas as épocas. Para se acreditar em seres sobrenaturais, com poderes infinitos, que não tiveram nem princípio e não terão fim, que estão em todos os lugares ao mesmo tempo e que nos esperam para o juízo final, quando nos mandarão para o céu ou para o inferno, repetimos, para se acreditar em toda essa tralha alucinógena originada das confusões mentais, é preciso ter muita fé e pouca razão. Não a fé que irrompe da força de vontade para alcançar objetivos propostos, mas a fé na crença da sobrenaturalidade, nos deuses, nos espíritos, no céu e no inferno, enfim, na alma. Esse tipo de crença surge de configurações reveladas por nossa imaginação. Trata-se de um conjunto de antigas credulidades de pessoas ingênuas e supersticiosas estimuladas por um anacronismo rudimentar.

Via de consequência, pertence à parte da filosofia chamada lógica a conclusão da inexistência da alma. Há milhares de anos, alguns perturbados hagiógrafos bíblicos vêm enganando a humanidade. A história da criação não passa de uma fantástica concepção imaginativa que criou do nada um drama bíblico, acabando por contaminar bilhões de viventes. **A Bíblia não passa de uma falcatrua que se transformou na maior narrativa falsa da história.**

A característica principal da alma é que ela é totalmente bastarda. Não tem origem nem razão de existência. É resultante de um sentimento imaginário destituído de sentido racional e por esse motivo situa-se fora de qualquer argumento científico. Trata-se de uma crença vertida da cegueira mental que atravessou os séculos e que ainda hoje se manifesta estimulada pela carência total dos transcendentais fundamentos da lucidez humana. As religiões estão saturadas de superstições, magias, astrologia e resíduos de fantasmagóricas crendices e até de almas.

Seria perda de tempo perguntar: onde a alma estava antes do nosso nascimento? Como penetrou em nosso organismo? O que ela é? Para que serve? Qual a sua função? Qual sua influência em nosso comportamento? Se ela é separada do corpo, para que ela serve?

Para os cristãos, alma é uma substância imaterial, é o princípio da vida. O Gênesis informa que "O senhor Deus formou, pois, o homem do barro da terra e inspirou no seu rosto um sopro de vida, e o homem tornou-se alma [pessoa] vivente". A Bíblia é a responsável pelas confusões iniciais por confundir sopro com alma. Ora, se sopro é substância, não pode ser imaterial. A imaterialidade é um nada. Portanto, a alma não existe. A vida foi criada inicialmente pela divisão e multiplicação das células e mais tarde pelo encontro do espermatozoide com o óvulo, cujo ciclo transita pelo nascimento, pelo crescimento e pela morte. Os homens e os animais são produtos da sexualidade. A natureza, com formulações diferentes, produz o mesmo resultado, quer por meio de esporos, quer por qualquer reprodução assexuada. Quando o pólen encontra o gineceu, acontece a fecundação, que dispensa qualquer bafejo divino. Todos os organismos vivos são constituídos por células consideradas unidades estruturais básicas. Existem células denominadas de eucarióticas, que são encontradas em todos os seres vivos, quer sejam humanos, quer sejam animais, inclusive na natureza. **A linhagem da extirpe humana ou da natureza exclui deuses criadores.**

Apesar das verdades científicas, permanece, em nossos tempos, a confusão entre a mente e a alma. A razão da existência da consciência é a mente, não a alma. A mente nasce de um conjunto de nervos chamado cérebro e se manifesta pelas sinapses neuronais. É através delas que raciocinamos e que compreendemos as realidades do mundo. Realidades que são humanas, que são produzidas pela matéria, ou sintetizando: pelo cérebro. A consciência resulta das interações neurônicas. A consciência é uma elaboração cerebral. Quando morremos, o cérebro morre junto. A alma não passa de uma presunção que tornou o homem escravo de uma falsa ilusão. Não existem provas de sua existência. Ela somente sobrevive em virtude da permanência de entendimentos deformados pelo obscurantismo religioso proveniente de resíduos remanescentes de crenças primitivas. Há quatro mil anos Aristóteles já proclamava: não há nada na mente que não tenha passado pelos sentidos.

A ciência biológica nega a existência da alma. Os princípios fundamentais da evolução não encontram nenhum argumento comprobatório de que substâncias imateriais ocupem corpos materiais. Não é razoável acreditar em crenças baseadas no irrealismo místico. A maioria das religiões proclama como falsa a verdade biológica da evolução. Essa postura tem como motivo o fato de que, caso elas aceitassem, estariam concordando com a inutilidade das almas, dos deuses e delas próprias.

Qual é o número de almas no início dos tempos? Hoje o mundo tem mais de 8 bilhões de seres humanos. Existem doutrinas religiosas que não acreditam na reencarnação. Onde, portanto, estavam depositadas as almas dos outros 7,9 bilhões? Quando entraram em nossos corpos? Ainda quando éramos embriões? E se o feto surge como natimorto?[158]

Hélio Schwartsman, um dos mais lúcidos e destacados articulistas da *Folha de S.Paulo*, afirmou em 08.09.2013 que hoje podemos afirmar com alguma segurança que *é a memória que constitui a identidade de um indivíduo e que fica tudo mais complicado se trouxermos outros achados recentes para a discussão, como as evidências de que a própria consciência é o resultado de múltiplas sensações corporais ligadas em paralelo. Será que ainda resta um lugar para a alma*? Ele sugere que não, os ateus também.

A verdade verdadeira é que a humanidade, os animais e a natureza nascem, crescem e morrem. Não existem alternativas, mesmo porque nós, os animais e a natureza temos origem comum vertida de um processo originado há mais ou menos 3,5 bilhões de anos, época em que o resfriamento do Big Bang permitiu a união dos átomos, particularidade que criou a química, depois o oxigênio e na sequência as células, após as moléculas, enfim os organismos, em seguida a vida, e tudo devidamente explicado e comprovado pela origem e pela evolução das espécies. Usando esses fundamentos biológicos, podemos facilmente afastar a alma da evolução humana com a seguinte indagação: **se houve um ancestral comum aos homens e aos animais, por que só a espécie humana teria alma? Fora dessa dedução existem apenas invenções engenhosas vertedoras de delírios refletidos pela imaginação, que na falta de razões naturais satisfazem-se numa falaciosa existência de deuses criadores e de almas vivificadoras.**

158 Os dicionários esclarecem que natimorto é aquele que, tendo vindo à luz, com sinais de vida, logo morreu.

28. AS DUAS FACES DA FÉ

A fé é ter confiança em si próprio. É a crença na luta pela vida. É a disposição de vencer obstáculos. É um impulso individual. É o arrebatamento pessoal em busca de um propósito. É acreditar no aperfeiçoamento do ser humano e no aprimoramento dos costumes. É ser humano no sentido integral. É ter consciência de que o futuro de cada um depende do esforço de todos. Nesses casos, a fé é o motor que movimenta o homem.

Não transfira teus problemas. Ninguém vai resolvê-los. Seja você mesmo. Viva com teus amigos. Lute por tua profissão. Seja correto. Seja honesto. Não custa acreditar na humanidade. Lute para melhorá-la. Tenha fé na vida. Essa é a verdadeira fé. Não existem ajudas de deuses e santos. Os deuses não intervieram em nenhuma civilização. A civilização depende do próprio homem. Respeite os outros. Essa é a melhor religião. Lute pela tua família, esse é teu maior exemplo. Ame tua mulher, teus filhos, essa é maior felicidade. Siga o exemplo de teus pais. Eles criaram sua família e se sacrificaram por ti. Lute para melhorar a sociedade. Lute pelo teu país. Exija que teus representantes cumpram com os seus deveres. Não acredite em promessas mirabolantes. Não vote por interesse. Isso não vai adiantar nada. A

Nação é de todos nós. Todos devemos corresponder a ela. Sejamos todos iguais perante a lei, ressalvada a desigualdade de nossas diferenças pessoais no desempenho de profissões diferentes. Siga o teu ideal. Não delegue tuas obrigações. Não te despersonalize. Você é o que é. **Lute por uma sociedade mais justa e mais humana. Essa é a tua religião.** Acredite na força do teu ideal. Essa força é o teu deus. Tua alma é tua mente. Não tente buscar soluções em outros mundos. Acredite apenas na verdade deste mundo. Use o teu próprio entendimento, busque a tua própria verdade.

A fé nos espíritos, nos anjos, nos santos, nos deuses significa abstração da verdade. Atomistas como Demócrito tentaram explicar o mundo de uma forma puramente materialista, sem referência ao espiritualismo místico, e isso há quatro mil anos.

Tito Lucrécio Caro viveu em Roma no século I antes de Cristo. Ele escreveu há mais de dois mil anos um livro cujo título é *Da Natureza*.[159] Já naquela época os filósofos da Antiguidade concebiam a existência das partículas e concluíam que a natureza é estruturada por arranjos de átomos em movimento contínuo plasmadores da matéria. Para ele a alma era o próprio sentimento humano. Seu livro proclamou um universo sem deuses, e acrescentava que *na maior parte das vezes foi exatamente a religião que produziu feitos criminosos e ímpios*. Mais de mil anos depois, Friedrich Nietzsche afirmava: *Fé significa não querer saber o que é a verdade*. Não foi por outro motivo ter Max Müller afirmado, inspirando-se em Aristóteles: *Nada pode haver na fé que não tenha passado antes nos sentidos.*[160]

A fé é uma crença cega. Ela é contrária à razão. Se Deus existisse, a fé se tornaria desnecessária e as religiões entrariam em colapso.[161] As religiões não contribuíram em favor da sanidade intelectual do mundo. Devemos à ciência a melhoria de nosso modo de viver. Não

159 O título latino é *De Rerum Natura*.

160 Émile Durkheim. *As formas elementares da vida religiosa*. São Paulo. Martins Fontes. 1996.

161 Ron Barrier.

estamos sugerindo que as pessoas sejam ateias. O ateísmo depende da consciência de cada um. Ninguém está obrigado a ser ateu.

A fé significa a falta de certeza. Se tivéssemos certeza, não precisaríamos ter fé. A fé é, portanto, ilusão para acreditarmos naquilo que não existe.

Existem, pois, duas espécies de fé. A primeira é aquela que acredita nas possibilidades reais da vida e que incentiva o homem no decorrer do tempo. A outra é acreditar naquilo que não tem explicação. A fé para o "Homo socialis" é fato normal integrante da própria vida. Enquanto a fé do homem religioso faz com que ele acredite numa idealização decorrente de construção ilógica de um pensamento vazio baseado em falsas convicções.

Se o homem tivesse certeza da existência de Deus, não precisaria ter fé. **A fé é a responsável pela destruição da verdade material das coisas do mundo.** Há limites entre o real e o irreal. Houve época em que os homens imaginavam que a Terra fosse plana e que o sol girava em torno dela. Houve época em que o homem acreditava em seres mitológicos com forças excepcionais, como Ulisses, Hércules e Sansão. Afortunadamente, à medida da ampliação do seu conhecimento sobre as causas da fenomenologia, o homem foi suprimindo de sua consciência as manifestações fantasmagóricas.

Outras perguntas vêm à tona: pode um Deus ser misterioso? Qual a razão dos deuses não aparecerem? **O judaísmo é uma mentira de quatro mil anos. O Cristianismo é uma mentira de dois mil anos. A religião de Maomé é uma mentira de mil e trezentos anos.** Se houvesse um deus verdadeiro, ele seria deus de todos os povos, jamais iria permitir que matassem em seu nome. Comprovado ser o mesmo para três religiões, como explicar que, quando os crentes não estão rezando, estão se matando entre si? Como explicar que isso aconteça entre católicos e protestantes, entre xiitas e sunitas? Essas anormalidades terminam por comprovar que as religiões sofrem de transtornos bipolares. É difícil para o homem vencer as falsas noções das crenças. Isso porque, através de uma equivocada educação religiosa, implantam na mente das crianças o temor em relação ao diabo, ao inferno, e outros medos que prejudicam a maneira de pensar das pessoas por toda a vida. De tal modo que podemos concluir termos sido criados, moldados, estereotipados desde a infância pelas concepções religiosas. As gerações anteriores pegaram uma broca e abriram buracos em nossos cérebros, onde injetaram toda espécie de sêmen religioso. A religião cinzela e modela a espécie humana como hoje se configura um computador. Por isso, só existe uma saída: a libertação da ignorância e da irracionalidade.[162] Para entender o absurdo mitológico e as lendas religiosas, o homem se vale da fé. Para as coisas sensatas, basta a razão. **É preciso ter muita fé para acreditar na razão e ter muita razão para não acreditar na fé.**[163]

162 Omar Ferri. *Razão x Religião.*

163 Omar Ferri. 07.05.2009.

29. DEUS! QUE DEUS?

A vida é como a natureza humana se revela.

Viva a vida na maior amplitude de tuas aspirações, desfrutando-a até o derradeiro momento.

Cantar, divertir e amar fazem parte da vida.

Já te perguntastes se templos obscuros, lúgubres e frios podem ser a casa de Deus? Por que frequentá-los?

Os templos que nenhum deus nos deu são os rios, as montanhas, os bosques, os lagos, as praias, as paisagens que embelezam o mundo e o luar translúcido que se filtra entre as flores, cujo perfume inebria o vaguear dos amantes, bafejados por sentimentos infinitos.

Deus jamais acusou a humanidade de pecadora.

Deus jamais disse que as vibrações e os desejos sexuais são algo pecaminoso.

Ouça a palavra de Deus:

Não acredite naqueles que pretendem que tu sejas o que não és. Como podem mentir que te jogarei no fogo do inferno?

Não te deste conta de que todas essas inculpações são falsas?

Não te deste conta de que as supostas escrituras sagradas foram escritas para exaltar história fantasiosa do povo hebreu?

É razoável acreditar que Matusalém tivesse vivido 969 anos? Você acreditaria que Noé, filho de Lamec, viveu 950 anos e, ao completar 500 anos, gerou Sem? Numa época em que o nível de vida não ultrapassava 30 anos?

Você acredita que as águas do Mar Vermelho foram separadas para que no leito seco do mar os hebreus se salvassem das perseguições do Faraó, cujo coração, paradoxalmente, teria sido endurecido por mim?

Não te deste conta de que as lendas bíblicas não têm nenhuma relação com a criação do mundo, nem com os povos e muito menos com a verdade?

Não jogue teu precioso tempo fora para ler um livro falso.

Eu não iria criar um casal para logo depois puni-lo com a expulsão de um lendário paraíso, muito menos afogar seus descendentes num imaginário dilúvio universal! Como podes acreditar nessas tolices?

Nunca promovi a guerra. Nunca dei ordens para matar homens, mulheres, crianças e, de nenhuma forma, os primogênitos dos animais. Nunca inventei nenhuma religião. Nunca disse que condenaria as criaturas ao fogo do inferno. Eu jamais criaria um lugar abrasador para queimar por toda a eternidade supostos pecadores. Que Deus faria isso? Os que te assustam com punições eternas é porque possuem maldades em seu coração. Trata-se de homens maus, que, por viverem num estado de permanente hipocrisia, se tornaram escravos de suas próprias falsidades.

Não autorizei nenhum papa para falar em meu nome.

Nunca concordei com a loucura assassina das Cruzadas. Nunca admiti que alguém fosse condenado por crimes de ideia. A Inquisição foi a mais abominável criação terrorista de uma Igreja contraditória e sempre pronta para trair seus próprios fundamentos. As pungentes torturas e mortes dos autos de fé, que estigmatizaram inocentes nas fogueiras da Inquisição, foram inspiradas pela vilania religiosa.

Eu sou o Deus da razão. A escravidão manchou o mundo de aflições e desonras.

Ao tempo dos descobrimentos, os abomináveis conquistadores, pela força das armas, tomaram posse das terras do Novo Mundo, assassinando peles-vermelhas, astecas, maias, incas e índios. Outros milhões morreram das doenças levadas pelos invasores.

Proclamaram que o Novo Mundo pertencia aos países colonizadores, particularidade que lhes dava o direito de saquear suas riquezas.

Os bacamartes e as patas dos cavalos simbolizavam o poder. Os crucifixos significavam a obrigatória submissão a uma nova fé imposta a ferro e fogo. Rios de água benta abençoavam a valentia e as matanças dos vencedores.

Eles promoveram as execráveis atrocidades ainda hoje cometidas contra povos que vivem na tranquilidade de suas religiões e de seus costumes.

A história registrou que, a partir de Constantino, o cristianismo foi considerado como categoria do império e que, na sequência, sempre se colocou ao lado do poder, tanto para participar da dominação quanto para aliar-se à caserna na armação dos golpes contra a democracia, melhor dizendo, contra o povo.

Jamais criei igrejas repletas de chefes obliterados por mentes ensandecidas causadores de centenas de estúpidas guerras religiosas. Também não construí estabelecimentos canônicos para convertê-los em infamantes antros de fornicação, de abusos sexuais e de pedofilia. **Ninguém pode servir-se de meu nome para praticar perversidades.**

Eu jamais provocaria a desarmonia entre os filhos que criei.

Os falsos profetas, também conhecidos como charlatães, que usam meu nome para traficâncias fraudulentas, não passam de velhacos impostores.

Pare de ficar rezando e batendo no peito. Eu sou o que sou. Não necessito ser estimulado por inconsequências. Não peça nada para mim. Eu já te dei a vida. Daí para frente é tudo contigo. Pare de pedir perdão. Não vou julgá-lo nem castigá-lo. Eu sou puro amor.

Esqueça os dogmas e as montagens religiosas, que são artimanhas para manipulá-lo, para controlá-lo, que só geram culpa em você!

Pare de complicar as coisas e de repetir como papagaio o que te ensinaram a meu respeito.

Viva a vida. O mundo está cheio de maravilhas.

Não desejes mal a ninguém. O teu sentido de vida é que vale.

Liberte-se, viva como se não houvesse outra vida, como se esta fosse única.

A vida é só aqui e agora.

Não me procure em parte nenhuma do mundo. Pare de crer em mim! Crer é supor, adivinhar, imaginar. Eu não quero que você acredite em mim, quero que me sinta em você. Quero que me sinta em você quando beija sua amada, quando agasalha sua filhinha, quando acaricia seu cachorro, quando toma banho de mar.

Não me encontrarás em lugar nenhum.

Me procure dentro do teu coração.[164]

164 O texto lembra Spinoza. Muitas vezes divulgado por ateístas, contém uma visão naturalista de Deus aceita por Einstein. Pelo que se sabe, seu autor é Francisco Javier Ángel Real, conhecido pelo pseudônimo Anand Dílvar, filósofo e escritor mexicano. Seu livro denomina-se *Conversaciones con mi guía*. O autor fez acréscimos e adaptações.

30. O GRITO[165]

A consciência da humanidade exige a condenação virtual póstuma de todos os clérigos que estupraram, seviciaram, perseguiram, torturaram e que jogaram no fundo dos cárceres pessoas que não haviam praticado nenhum crime. Religiosos que deveriam estar internados em casas para tratamento de alucinações patológicas, empunhando Autos de Fé, carbonizaram multidões nas fogueiras medievais. Eram os fogos de artifício da "Santa Inquisição". Inexplicável o assassinato de fiéis da mesma crença. Quem são os bandidos? Os hereges ou aqueles que os matam?

A Igreja dos tempos feudais, os estados islâmicos e os impérios europeus de dominação disseminaram desastres estruturais nos países onde atuavam, sempre excitados pelo militarismo colonial/imperialista. Como resultado do sistema de espoliação, coagidos por angustiante desespero e pela carência de esperança, os "retirantes" buscam refúgio nos países responsáveis pelo infortúnio. Inobstante, por fatalidade trágica, só no Mar Mediterrâneo, milhares deles são engolfados pelas águas transformadas num sarcófago de frustrações.

165 Lembra a obra-prima do pintor norueguês Edvard Munch. A pintura representa angústia e desespero.

Concomitantemente, Deus, acomodado nas beiradas das nuvens celestiais, vem observando multidões de trêfegos famintos, que perambulam pelas estradas das terras maias e astecas e, quando chegam defronte às muralhas levantadas pelo Grande Irmão, nem o som das trombetas nem o clamor dos desesperados conseguem fazê-las desmoronar, embora Deus tenha pleno conhecimento de que a miséria dos mochileiros do Sul foi quem pagou, e ainda paga, grande parte das riquezas do povo do Norte.

Inventaram as Cruzadas, que resultaram no assassinato de milhões de árabes, judeus, crentes de outras nacionalidades e até cristãos. Reproduzindo insanidades bíblicas e estimulados pela perda de capacidades racionais portando-se como hordas de desatinados, saquearam Constantinopla, a mais bela e rica cidade cristã na época do Império Bizantino. Imitando Gengis Khan, assassinaram, estupraram, roubaram ouro, prata, objetos de valor, tudo o que podiam. Foi um dos casos em que os próprios assaltaram os mesmos. As riquezas saqueadas foram enviadas para Veneza.[166]

Em Jerusalém, quando conquistada pela histeria religiosa das Cruzadas, o sangue vertido pela espantosa brutalidade dos assassinatos corria pelas ruas na altura dos tornozelos.

Segundo o Livro sagrado, conforme anteriormente registramos, Deus mandava matar homens, mulheres, velhos e primogênitos, inclusive primogênitos de animais. Barbarismo amplo, geral e irrestrito. Em nossos tempos a matança continua. Hitler tinha um papa ao seu lado. O hierarca católico não levantou objeções em relação à matança de milhões de judeus, ciganos e pessoas com alguma deficiência. Era o Papa de Hitler. John Cornwell afirmou que Eugenio Pacelli, o Papa Pio XII, foi instrumental em negociar um acordo que ajudou o nazismo a alcançar poderes ilimitados.[167] O nazismo selou o destino

166 Quando os otomanos conquistaram Constantinopla em 1453, mudaram o nome para Istambul. Existem também informações de que a troca de nome ocorreu em 1930.

167 John Cornwell escreveu o livro *O Papa de Hitler*.

dos judeus na Europa. O fascismo não teria durado tanto tempo se Mussolini não tivesse assinado com o Vaticano o Tratado de Latrão, que concedeu soberania ao Estado Pontifício.

Com exceção das ditaduras do proletariado, as religiões apoiaram as demais ditaduras do mundo. No século passado, a América Latina foi dilacerada por um cenário de paranoia militar, que alcançou o seu mais alto grau da psicopatia golpista ao transformar nossos países em campos de concentração. Doloroso relembrar a tragédia do Chile com Pinochet, da Argentina com Videla, da Bolívia com Banzer, do Paraguai com Stroessner e do Uruguai com Bordaberry. Com deplorável insensibilidade humana, chefes militares portenhos lançaram de aviões no Rio da Prata centenas de *detenidos* sem culpa formada, sem julgamento e a toda evidência inocentes, praticando ultrajantes crimes que abalaram o sentido natural do humanismo, e, pasmem, tudo em nome da civilização ocidental e cristã. Eles não passavam de uma malta de assassinos que posavam de janotas da democracia.

Com pequenas exceções, todas as religiões foram coniventes com as excrescências constitucionais. Resultado: continuaram matando por tabela. As religiões preferem os ditadores, pois, na maioria das vezes, os objetivos são comuns, caso em que dão origem aos Estados teocráticos.

Em nome da Justiça e dos Direitos do Cidadão, nós denunciamos a maldade do despotismo tirânico causador das aflições que brotam espontaneamente no íntimo de nossos corações. Não somos comunistas. Frente a esses despropósitos, preferimos ser agnósticos. Jesus Cristo vivia como muitos de nós. Conviveu com os humildes, lutou em favor dos pobres, curou os males do espírito e, até dizem, também do corpo. **Foi perseguido, torturado, sofreu padecimentos e terminou pregado numa cruz, onde transpassaram seu corpo com os fios anavalhados das lanças dilacerantes acionadas pelo instinto bestial daqueles que matam em nome do Estado ou das religiões. Jesus**

Cristo mandou matar alguém? Como podem matar em seu nome? Nosso ideal não é diferente do homem de Nazaré. Nós valorizamos as suas verdades nas mensagens lapidadas pela nobreza do humanismo. Ele foi o primeiro homem a proclamar a igualdade das pessoas. Tinha aversão aos opulentos que comandam as nações e fazem as leis para servirem aos seus próprios interesses. No sermão da montanha, Ele proclamou: **Bem-aventurados os que têm fome e sede de justiça, porque serão saciados.**[168] Somente depois de dois mil anos, os iluministas franceses inspiraram a única revolução da história humana que proclamou a dignidade de todos perante a lei. Igualmente afirmou que os homens nascem livres e iguais em direitos; e que a liberdade, a propriedade, a segurança dos cidadãos e a resistência à opressão incorporam direitos pessoais inalienáveis, enfim, que ninguém pode ser molestado por suas ideias e opiniões, inclusive opiniões religiosas, desde que suas manifestações não perturbem a ordem pública.

Sabem por que nós somos assim? Somos assim porque não aceitamos a desigualdade espantosa entre ricos e pobres. Não aceitamos a desigualdade entre brancos e negros. Não existem raças humanas. Só existe a espécie humana. As diversidades fraturam a estima individual causando prejuízos aos valores cívicos da Nação. Enquanto o Estado teocrático solapa o laicismo constitucional, o Estado policial está convencido de que só a matança resolve o problema social. Nós nos rebelamos contra aqueles que perseguem, encarceram, torturam e assassinam pessoas por crimes de ideias configurando comportamentos que sempre colidem com as mensagens evangélicas. **Do fundo de nossas consciências não aceitamos essas injustiças, muito menos a hipocrisia dos que fazem de conta que o mundo sempre foi assim.** Esse modo de pensar significa a perda do conceito humano e da dignidade das populações. Quem não luta em favor do humanismo melhor seria que não tivesse nascido.

168 São Mateus, capítulo 5, versículo 6.

Está comprovado pelas veredas da história que os deuses não têm nada que ver com as nossas mazelas e que as religiões nunca contribuíram para melhorar a situação do mal-estar dos povos. E, quando alguns poucos religiosos deliberaram lutar contra as injustiças, foram perseguidos, assassinados ou condenados ao silêncio. Um cardeal brasileiro, Dom Hélder Câmara, por ter se manifestado contra a ditadura, teve seu nome proibido de ser citado pela mídia nacional. O comunismo de nossos dias não tem mais influência revolucionária. A Revolução Francesa encerrou o ciclo das revoluções populares. Quando Marx escreveu *O Capital*, não poderia ter imaginado como seria o mundo de nossos dias.[169]

Senhores donatários das Igrejas evangélico-pentecostalistas! Quanto mais os senhores enriquecem, mais os pobres são ludibriados por vossas traficâncias estelionatárias. Os senhores não passam de proxenetas religiosos que perderem a vergonha, embora os pobres de espírito ainda não tenham perdido a fé em vossas fraudulências.

Os senhores são traidores das mensagens cristãs e responsáveis pelo assassinato das bem-aventuranças que Ele proclamava. **Somente tolos e crédulos se recusam a debater os dilemas, os equívocos e as dúvidas das religiões. Preferem ser vítimas delas.**

O país está como o diabo gosta. A tendência fascistoide de nossos dias é produto de um novo modismo de irracionalidade. No dia em que for resolvida a questão social, desaparecerão por completo os protestos dos inconformados, reduzindo ao pó a direita insana. Quando a desigualdade se mantiver dentro de níveis condizentes, extinguir-se-ão os mananciais da ideologia marxista-leninista. O povo quer democracia, liberdade, salário justo, ensino, educação, saúde e justiça social como apanágio final dos povos que aspiram viver na plena democracia. *Todos têm o direito de viver em paz e com dignidade.*[170]

169 *O Capital* foi escrito em 1867.

170 Frase dita por um promotor, no Julgamento de Nuremberg, pedindo a condenação dos autores dos morticínios públicos contra judeus e outras minorias.

Estamos exaustos de assistir a indivíduos perturbados que persistem em se manter infeccionados pelas ideias de Hitler ou de Stalin. Na verdade, trata-se de pessoas alienadas, que atrofiaram suas mentes e por isso têm o caráter obliterado pela insensibilidade social e pela hipocrisia humana. Estamos vivendo a convulsão do mundo que estimula a degeneração da natureza e contamina a essência da vida.

Nós, quer sejamos operários, trabalhadores, comerciantes, industrialistas, agricultores, servidores públicos, profissionais liberais, professores, enfim o povo em geral, nós, repetindo, não somos responsáveis pelas injustiças, muito menos pela destruição do mundo natural, e o que sobrará não passará do restolho de uma humanidade enfermiça. Os agentes de dominação há milhares de anos são os verdadeiros culpados pelos presságios do apocalipse. Esse é o sinal dos tempos! Qual o Deus que concedeu direito à injustiça? Qual Deus que concedeu direito à desigualdade social? As classes dominantes usam Jesus Cristo. Religião e governantes sempre de mãos dadas. As guerras, a fome, os crimes, as inversões tributárias e de modo especial as injustiças sociais ofendem mais a Deus do que o ateísmo. *É melhor ser ateu do que ser um religioso hipócrita.*[171]

171 Palavras do Papa Francisco.

31. NOSSA ORAÇÃO

Senhor! Ouça nossas súplicas! O Senhor detém os poderes sobre o céu e sobre a terra. Acabe com a nossa descrença.

É verdade que o Senhor se arrependeu de nos ter criado? É verdade que o Senhor nos expulsou do paraíso e na sequência despejou um dilúvio que afogou toda a humanidade, com a exceção da família de um bajulador? Diz a Bíblia que a partir de Abrahão surgiria um grande povo abençoado por Ti. E quanto aos demais – lembrando expressão bíblica –, seriam amaldiçoados? Oh Deus de misericórdia! Não nos condene, tenha piedade de nós. Permita que sejamos livres para afirmar que essas concepções revelam puro preconceito.

A Bíblia também registra que, enquanto o Senhor punia com a morte quem fornicava, considerava normal a prática da escravidão. Dois pesos e duas medidas.

É verdade que o Senhor mandou matar os primogênitos dos egípcios e que, quando seu exército, comandado por Josué, tomou a cidade de Jericó, o Senhor deu ordens para matar tudo o que nela havia, desde homens até as mulheres e desde crianças até os velhos e também bois, ovelhas e jumentos? Nós somos compelidos a perguntar: qual a culpa das crianças? Qual o pecado dos animais?

O Senhor também determinou: "Não matarás"! Quanta hipocrisia! No dia seguinte o Senhor ordenou a matança de 23 mil hebreus, inclusive mulheres e crianças, por causa de uma festa que fizeram em homenagem a um bezerro de ouro. Já nos referimos anteriormente, porém é importante realçar: é verdade que numa noite o Senhor mandou um anjo espadachim assassinar 185 mil soldados do exército de Senaquerib, rei dos assírios? É verdade que, para conquistar Jerusalém, os cruzados mataram milhões de pessoas e que a Inquisição condenou às fogueiras dos Autos de Fé milhares de viventes, que não haviam cometido nenhum crime? E isso porque a Inquisição era Santa.

É verdade que o Senhor é o Deus de três religiões que cultivam o ódio e criminosamente uns matam os outros em teu nome? E isso porque o senhor os ama. É assombrosamente inconcebível, não fique de queixo caído: suas religiões são as principais causadoras de nossos males. Precisamos esclarecer essas anomalias religiosas. Precisamos de Sua presença. Ou o Senhor só se faz presente nos templos pentecostalistas, onde esconjuram o maligno e fazem curas milagrosas invocando o Seu nome? Diga para a humanidade que todos somos seus filhos. Use o seu poder. Acabe com as religiões trambiqueiras (o Senhor não precisa delas). Termine com a fome, com a miséria, com a doença, com o ódio e com as guerras. Esses são os milagres que o Senhor deveria realizar.

A Bíblia nos diz que o Senhor nos criou a sua imagem e semelhança. Por que então o Senhor nos submete aos dez mandamentos e, caso apenas um deles não for cumprido, seremos condenados a fogos infernais por toda a eternidade? E isso porque o Senhor nos ama! Esclareça se é verdade que se alguma criancinha morrer sem ser batizada será torturada por fogos do inferno pelo resto dos tempos. E isso acontece porque o Senhor as ama. Que culpa têm as crianças pelo pecado de um casal ocorrido há mais de seis mil anos? Casal que, na opinião da ciência, sequer existiu. Acabe com as maldades religiosas.

Estamos convencidos de que, em vez de leis, nós precisamos apenas de paz e amor. Dessa maneira o senhor provaria que somos seus filhos e que o Senhor verdadeiramente nos ama.

Peço licença para afirmar que o Senhor criou um mundo pecaminoso. Depois enviou seu filho para salvá-lo. Não adiantou nada. O pecado fluiu como produto de maior proliferação no seio de seu povo.

As religiões que usam seu nome vêm causando ao mundo conflitos de toda ordem. A bíblica foi a pior e mais degradante do mundo antigo. O cristianismo da Idade Média plasmou com o Império Romano um comando unitário que garantiu o controle do mundo por quase dois mil anos. Com base nesse fato, tornou-se uma categoria estatal. Alguns papas, que se autodenominavam representantes de Deus, com o intuito de promover guerras, vestiam armaduras de generais. Outros, com a promessa de garantias celestiais, determinaram a tomada de Jerusalém através do assassinato de milhões de pessoas. Todos os crimes cometidos em seu nome.

Por último surgiu nesse tenebroso cenário a religião de Maomé. Venerando o mesmo Deus, e dando cumprimento a seus cânones, radicalizou a maldade das anteriores dando ensejo à criação de Estados talibãs, obstinadamente teocráticos, fundamentalmente intolerantes e estupidamente religiosos.

Todos esses fatos, gerados por impulsos paranoides, nos permitem concluir que de nada adiantou ter enviado teu filho para salvar a humanidade.

Com a sequência dos séculos, a convivência humana não dá nenhum sinal de melhora. Nenhum pai permitiria que um filho seu fosse torturado e pregado numa cruz. O Senhor foi insensível. O Senhor, proclamando o que não era, nunca conseguiu enganar céticos, hereges, agnósticos, iluministas, cientistas, livres-pensadores e, sobretudo, ateus. O Senhor tinha consciência de que não poderia enganar a todos por todo o tempo. Por dedução, sua incompetência redundou num verdadeiro fracasso. Por último, não podemos perdoar um

Deus que criou os homens sujeitando-os a adorá-lo e amá-lo, melhor dizendo, uma vassalagem em caráter incondicional, caso contrário seriam condenados ao suplício de um fogo eterno. O Senhor criou anjos, que vivem na inefável alegria no seio de seu império. Por que não nos criou anjos? Por que preferiu atormentar a humanidade com as desgraças do mundo? Por favor, nos diga: por que razão o Senhor foi um Deus discriminador? Conclusão: **todos os pecados do mundo seriam menos perversos do que a repugnância ao seu egoísmo.**

A mensagem de seu filho "a verdade vos salvará" não passou de uma expressão oca. Somente o restabelecimento da verdade científica/cultural poderá salvar a humanidade do obscurantismo intelectual responsável pela degradação da sanidade mental dos tempos modernos. **Se algum movimento salvar o mundo do fundamentalismo catastrófico, certamente não será o fanatismo religioso.**

O Senhor nos criou e nos obrigou a ter uma vida regrada pelos seus mandamentos. Absurdo inqualificável. Algumas de suas regras são detestavelmente desumanas, como, por exemplo, pecar contra a castidade. Se o Senhor nos criou com um corpo assim, como poderemos resistir aos anseios normais do mais irresistível desejo humano?

O Senhor tornou nossa vida insuportável. O Senhor criou concomitantemente o sofrimento, que só leva padecimentos aos mansos e humildes de coração. Sua primeira ordenação foi uma proibição: não comerás do fruto da árvore do bem e do mal. Derrotado por uma víbora, o Senhor expulsou nossos ancestrais do paraíso. **Esses fatos nos deixam perplexos porque não encontramos uma causa razoável, ou uma justificativa aceitável, para nos ter criado.**

O Senhor é a causa de nossas aflições. O Senhor é um pai totalmente irresponsável. Por favor, deixe-nos em paz. O seu livro contraria a ciência. Trata-se de um livro falso; muito mais: irrefutavelmente mentiroso, pela afirmação de que o Universo foi criado há mais ou menos 6 mil anos, quando, na realidade, o mundo existe há mais de 13,8 bilhões de anos.

Com todo o respeito. **Quer saber de uma coisa? Copérnico, Darwin, Galileu Galilei, Giordano Bruno e Einstein foram mais honestos e mais corajosos do que o Senhor.**

Veja, por exemplo, este paradoxo. Uma de suas Igrejas instituiu o celibato. Resultado: produziu uma multidão de pedófilos. Supostamente seguiram a máxima de seu filho: "Deixai vir a mim as criancinhas".

Também prometeu o céu a torto e a direito a todos quantos combateram em Teu nome, mesmo sabendo que os bons só serão separados dos maus no dia do Juízo Final.

A outra religião que nasceu da formicação de Abrahão com Agar (escrava de sua mulher Sara), cujo filho se chamava Ismael, vem prometendo a entrega de 72 virgens a todos quantos morrem pela tua causa. Que vergonha! Isso não passa de estupro seletivo.

Nestes últimos tempos, usando o nome de teu filho, foram criadas milhares de seitas evangélico/pentecostalistas, que sobrevivem à custa da pobreza dos crentes, enquanto grande parte dos teus propagandistas vivem como nababos em Boca Raton.

Apareça. Diga para nós o que está certo e o que está errado. Não te constranjas. O que te custa? **Ou, contrariando tuas promessas, continuarás permitindo que os maus triunfem, promovendo a vitória da barbárie.** Saudações filiais! Amém!

Porto Alegre, 15 de abril de 2023.

CONTRIBUIÇÃO DO AUTOR

Frases

• Será que o cristianismo conseguiria tornar-se a principal religião do Ocidente, se não retratasse Jesus como um ariano báltico de olhos azuis?

• As escolas religiosas preparam o homem não para o que ele deveria ser, mas para o que elas querem que ele seja.[172]

• As religiões destroem a sanidade intelectual das pessoas. Elas são as burcas do conhecimento.

• O Deus bíblico foi incompetente ao criar o homem porque sabia que ele não daria certo, caso contrário não haveria necessidade de criar, concomitantemente, o inferno.

• A certa altura, a Bíblia diz que Deus amaldiçoou a terra. Quem amaldiçoa aquilo que criou é um Deus mald... a conclusão é do leitor.

• **A lucidez é a maior conquista da humanidade.**

• Por falar em religiões pentecostalistas, é bom esclarecer desde logo que o dinheiro garante o céu para os mortos e a terra para os vivos.

• As crendices e as superstições, como males linfáticos, alastram-se, contaminando a mente dos homens e o inconsciente coletivo de grande parte das populações.

172 17.08.2022.

• Nenhum homem no perfeito uso e gozo de suas faculdades mentais viu um deus, uma entidade, um espírito, ou uma Virgem Maria. Só veem deuses, fantasmas e almas do outro mundo ou entidades etéreas aqueles que são conduzidos pelo irrealismo dos estados alterados de suas consciências.

• As escrituras ditas sagradas podem ser interpretadas ao desejo da mais variada clientela, assim como as profecias de Nostradamus.

• Se a vida existe como manifestação da matéria organizada, a mente também, porque depende dela, isto é, da matéria organizada.

• A Bíblia é uma espécie de ciência pronta situada fora do alcance de investigações científicas. Seus preceitos, seus ensinamentos e seus dogmas são artigos de fé. A fé dispensa tanto os valores científicos como os racionais, mas não há como deixar de concluir que suas narrativas ocas tenham mais buracos que um queijo suíço.

• A religião dogmatizada e o povo desconscientizado formam uma dupla consubstancialidade especializada em apagar da mente as construções psíquicas racionais.

• Hoje predomina de modo absoluto o lado bestial da raça humana.

• Enquanto houver um agrupamento humano, haverá sempre uma religião para sufocar a pureza de suas ideias, sua dignidade, sua liberdade e sua soberania.

• Do fanatismo da religião à barbárie da guerra, não há mais que um passo. (Em homenagem a Denis Diderot, que disse alguma coisa parecida.)

• Se tudo pudesse ser resolvido pela fé, Deus não precisava dar ao homem o direito de pensar (04.12.23).

• Deus criou o homem, e o homem, de inveja, criou Deus.

• De todas as invenções criadas pelo homem, a religião foi a mais perniciosa (06.01.19).

• **A única coisa que existe é aquilo que pode ser percebido, e a única verdade é aquela que pode ser demonstrada.**[173]

• Se você acredita em fake news e superstições, pode também acreditar em Deus.

• Se existem deuses, eles existem independentemente das religiões.

173 Agosto de 2021.

• Em religiões que não creem em demônios não ocorrem casos de possessões nem milagres da Virgem Maria, de Maomé ou de Jesus.

• Quem acredita que barro virou homem.

Quem acredita que um assopro virou alma.

Quem acredita que uma costela transformou-se numa mulher.

Quem acredita que as cobras falavam.

Induvidosamente, pode também acreditar na existência de deuses.

• Deus existe e é revelado pela fatalidade cósmica evolutiva do Universo (31.01.25).

• Minha mãe:

– É verdade, meu filho, que tu não acreditas em Deus?

– É, mãe.

– Então em que acreditas?

– Naquilo que existe.

Regras

Primeira regra: A ideia que fizermos da sobrenaturalidade é diretamente proporcional à nossa ignorância.

Segunda regra: Também em matéria de religião a imaginação é ilimitada.

Terceira regra: Quando o assunto é religião ou Deus, aceitamos muitos conceitos preconcebidos que penetram em nossa mente em caráter subliminar e permanente.

Quarta regra: Se é verdade que a alma aparece com a vida, também é verdade que ela desaparece com a morte.

Quinta regra: Quanto mais a humanidade evolui no sentido tecnológico, mais emburrece no sentido sociológico.

Sexta regra: A história vem nos ensinando que as cruzes, as espadas e as patas dos cavalos simbolizam a força e o poder que vêm predominando durante todas as épocas da história humana.

Sétima regra: O fundamentalismo religioso é diretamente proporcional ao desvario da própria religião.

Oitava regra: Os objetivos da ciência são as descobertas. Os objetivos da religião são as encobertas.[174]

Nona regra: Não existem provas plausíveis de que as religiões tenham melhorado o homem no sentido moral (dignidade própria) e ética (respeito aos demais).

Décima regra: Os seres incorpóreos, espectrais, invisíveis, fluídicos, cósmicos e todas as demais configurações são as consequências inevitáveis de qualquer reflexão religiosa.

Os judeus ortodoxos formam comunidades de paranoicos fundamentalistas, iguais aos cristãos da Family e aos fanáticos do islamismo. Todas essas excitações têm origem nas mesmas manifestações enfermiças, com o acréscimo do dogmatismo religioso.

O filho de um judeu hassídico disse: "Eu tive a minha vida roubada pelo fundamentalismo de vocês. Ou existe um Deus, e ele é muito perverso, ou não existe Deus, por isso que as coisas são assim".

Algumas frases colhidas nos últimos quarenta anos

- É inviável acreditar num castigo eterno.[175]
- O inferno é apenas uma alegoria.
- A reencarnação, como o paraíso, é uma metáfora. (Joseph Campbell)
- **Se as pessoas são boas só por temerem o castigo e almejarem uma recompensa, então realmente somos um grupo muito desprezível.** (Einstein)
- A abolição da religião como felicidade ilusória do povo é necessária para a sua felicidade real. (Christopher Hitchens)

174 O autor tem dúvidas em relação à autoria.

175 Algumas frases não têm identificação.

• Deus não só não existe, como a ideia de Deus é idiota, infeliz e faz mal à saúde física e mental. (Christopher Hitchens)

• A ignorância cria pobreza, fanatismo e ódio (do filme *O vento será tua herança*). Eu acrescentaria: e a religião também.

• Milagre: um acontecimento descrito por aqueles que sabem dele por gente que não viu. (Elbert Hubbard)

• Deus é uma projeção dos desejos de perfeição do homem. (Ludwig Feuerbach)

• Contra a estupidez, os próprios deuses lutam em vão. (Schiller)

• A lucidez torna o ateísmo possível.

• Sem as religiões, a vida é mais pura.

• Nenhuma religião é mais importante que a verdade. (Oiced Mocam)

• Não precisamos de religião para explicar o mundo.

• O Universo é então uma unidade infinita, em que tudo está ligado a tudo pelo Espírito Universal. (Giordano Bruno)

• Não há necessidade de provar a existência de Deus. Depois de milhares de anos, ele já existe no subconsciente de cada um.

• Já vimos corpos sem mentes, mas só místicos, médiuns e psicóticos já viram mentes sem corpos.

• É fácil ser muçulmano num país democrático. É impossível ter outra crença num país muçulmano. (Agustin Etchebarne)

• Existem no Brasil trinta padres exorcistas e até hoje não descobri quais são os mais perturbados: os padres ou seus clientes. (Alguém disse, possivelmente o autor.)

• Um psiquiatra disse: **Possessões são doenças físicas com manifestações psíquicas.**

• Deus é injusto, pois criou sérios limites à inteligência dos homens, mas nenhum a sua burrice. (Adenauer)

• Afirmar que "Deus fez isso" não é nada mais do que uma admissão de ignorância vestida enganadoramente como uma explicação. (Peter Atkins)

• A religião é essencialmente mágica, assim como a magia é essencialmente religiosa. (Charles Henri Anchelin)

• As religiões, como camaleões, pintam-se com as cores do solo que percorrem. (Anatole France – escritor francês)

• As religiões são como vaga-lumes; precisam de trevas para brilhar. (Schopenhauer)

• A mente é como um paraquedas, só funciona se abre. (John Horgan)

• Deus serve ao homem assim como a viseira serve ao cavalo.

• Fé é a convicção de que o que é afirmado pelas religiões é digno de crença. (Bowker)

• A fé faz mal à saúde. (Richard Sloan)

• A instituição da Igreja, seus dogmas e ritos são obras humanas, tanto quanto as heresias. (Challaye)

• Todas as religiões são fundadas sobre o temor de muitos e a esperteza de poucos. (Stendhal – escritor francês)

• Quanto pior o criminoso, mais crente ele se revela. (Christopher Hitchens)

• Quando as crianças nos perguntarem quem criou o mundo, o que devemos responder, que foi Deus? (Repórter a Edgar Morin)

• A religião é considerada verdade pelas pessoas comuns, mentira pelos sábios e útil pelos governantes. (Sêneca – há mais ou menos 2 mil anos.)

• As crenças dos povos primitivos têm tanta base científica quanto as bobagens do Feng Shui. (Michael Shermer – psicólogo americano)[176]

• O homem é certamente um doido varrido: não pode fazer um verme e, entretanto, faz deuses às dúzias. (Michel Eyquem de Montaigne)

• Deus é o único ser que para reinar nem sequer tem necessidade de existir. (Charles Baudelaire)

• Deus é uma necessidade. Se ele não existisse, teria que ser inventado. (Voltaire)

• O único Deus que é real é aquele que você tem dentro de seu coração. (Mario Quintana)

• O problema não é um Deus que não existe, mas a religião que o proclama. (Oiced Mocam)

---

176 *Veja*. Janeiro de 2012.

• Os que me falam em religião querem o meu dinheiro ou a minha liberdade. (Proudhon)

• A fé é a crença ilógica na existência do improvável. (Fernando Krynski Bianchi)

• A ignorância é a maior multinacional do mundo. (Paulo Francis)

• **A religião é o ópio do povo.** (Karl Marx)

• **Se a Bíblia está errada em nos dizer de onde viemos, como poderemos confiar nela ao dizer para onde iremos.** (Justin Brown)

• A Bíblia prova a existência de Deus da mesma forma que as histórias em quadrinhos provam a existência do Super-Homem. (Oiced Mocam)

• Pode-se enganar alguns por todo o tempo, a todos por algum tempo, mas não se pode enganar a todos por todo o tempo. (Abraham Lincoln)

• Ser animista é crer na existência e na realidade de um mundo invisível. (Albert Samuel)

• A ciência é uma forma de racionalismo. A religião é uma forma de superstição. (Richard Dawkins)

• O discurso científico se opõe à superstição, ao obscurantismo e à pseudociência. (Oiced Mocam)

• A superstição ofende mais a Deus que o ateísmo. (Diderot)

• O homem só será livre quando o último rei for enforcado com as tripas do último padre. (Diderot)

• Duas coisas que mais abrem no Brasil: Igrejas e agências do Bradesco, e pelos mesmos motivos. (José Simão – agora, no mesmo cenário, podem entrar as farmácias.)

• A Igreja se tornou uma instituição social que por acaso é religiosa. (Cecília Oliveira – reverenda norte-americana)

• A Igreja reclama de perseguição quando não lhe é permitido perseguir. (Luis de Zulueta)

• A religião é um insulto à dignidade humana. (Steven Weinberg – Físico americano. Prêmio Nobel)

• O conceito de "guerra santa", a ideia de que matar infiéis era não só um ato lícito como também abençoado por Deus.

• Os homens que pretendem combater por Deus são os mais antissociais da Terra porque creem que ouvem mensagens divinas e suas orelhas permanecem surdas a qualquer palavra de humanidade. (Stefan Zweig – judeu austríaco humanista)

• A Bíblia é o livro mais genocida da literatura. É um manual para destruição de povos e tomada de suas terras. (Noam Chomsky)

• A Bíblia não é a palavra de Deus; é a palavra do homem sobre Deus. (Mark Twain)

• Eu me oponho a qualquer superstição, seja muçulmana, cristã, judaica ou budista. (Bertrand Russell)

• A doutrina de que o fogo do inferno é um castigo para o pecado é uma doutrina cruel. (Bertrand Russell)

• Não quero ir para o céu. Nenhum dos meus amigos está lá. (Oscar Wilde)

• Metafísico é o sujeito que prova a existência de uma coisa que não existe. (Millôr Fernandes)

• Vale repetir: racista é um cara que nunca mandou verificar sua árvore genealógica. (Millôr Fernandes)

• Eu sou brasileiro, judeu, cético, laico e ateu praticante. (Juca Chaves)

• Pois neste mundo traidor nada é verdade ou mentira: tudo está de acordo com a cor da lente do cristal com que se mira. (Ramón de Campoamor)

• Alguns vencem por seus crimes, outros são derrotados por suas virtudes.[177] (Shakespeare)

• E, para finalizar, Jesus Cristo disse: Amai-vos uns sobre os outros. (Frase escrita na parede de um quarto num hotel de Paris.)

177 *Medida por medida* – ato terceiro.

POSFÁCIO

Flávio Tavares

Conheci Omar Ferri aos 12 anos de idade, depois fomos colegas no que então se chamava "curso ginasial". Voltamos a ser colegas na Faculdade de Direito da Pontifícia Universidade Católica do Rio Grande do Sul.

Já na vida adulta, acompanhei sua luta pelos Direitos Humanos, iniciada em plena ditadura militar, quando a visão de mundo era imposta pelos poderosos empoleirados no poder, que interpretavam o Brasil e o mundo com o viés autoritário que leva à brutalidade assassina. Creio que aí se inicia a visão que o conduz, hoje, a destruir preconceitos e, até mesmo, conceitos admitidos, há séculos, pela sociedade em geral.

Por isso, este livro derruba novas Muralhas de Jericó e interpreta Jesus Cristo como personagem importante, até mesmo imenso, mas que não veio ao mundo como "filho de Deus" para estabelecer uma religião.

No entanto, ou até por isto, não é um livro antirreligioso, embora seja uma obra anticlerical.

Mais do que tudo, porém, é um livro revelador da coragem típica de quem – através da pesquisa histórica – nos faz pensar e raciocinar. Nisso, Ferri chega, até, a ser ousado (mas não contraditório) ao citar em algumas de suas teses o pensamento de Santo Agostinho, o filósofo da Igreja, sem que isso venha a ferir ou destroçar suas posições.

A pesquisa histórica em torno do sobrenatural se intercala, aqui, com a visão agnóstica sobre o mundo ou, mais do que tudo (e também mais profundamente), sobre a fragilidade das chamadas "verdades" da Bíblia e, até mesmo, das teses teológicas ou teocráticas.

Em suma, é um livro que destrói mitos seculares e que, por isso, torna-se imprescindível para conhecer o que segue norteando o ser humano nas entranhas.

Impressão e Acabamento | Gráfica Viena
Todo papel desta obra possui certificação FSC® do fabricante.
Produzido conforme melhores práticas de gestão ambiental (ISO 14001)
www.graficaviena.com.br